TITAN

Collection dirigée par
Stéphanie Durand

De la même auteure chez Québec Amérique

Jeunesse

Les Aveux, coll. Titan, 2015.

- **Finaliste, Prix de la création littéraire de la Ville de Québec, 2016.**

L'Univers de Marie-Soleil, coll. Album, 2014.
Le Cri, coll. Titan, 2012.

- **Finaliste au Prix Jeunesse des libraires 2013, catégorie Québec, 12-17 ans.**

Le Grand Vertige, coll. Titan, 2004; nouvelle édition, 2011.
Les Secrets du manoir, coll. Titan, 2007.

SÉRIE MARIE-PIERRE
À fleur de peau, coll. Titan, 2001; nouvelle édition, 2010.
Un lourd silence, coll. Titan, 2010.

- **Finaliste au Prix littéraire de la Ville de Québec et du Salon international du livre de Québec 2011, littérature jeunesse.**

SÉRIE JULIE
Julie et les légendes, série regroupée, 2015.
Julie 10 – Julie et la chasse-galerie, coll. Bilbo, 2014.
Julie 9 – Julie et Alexis le Trotteur, coll. Bilbo, 2013.

- **Finaliste au Prix Tamarac Express 2015, Ontario Library Association.**

Julie 8 – Julie et la bête dans la nuit, coll. Bilbo, 2011.
Julie 7 – Julie et la messe du revenant, coll. Bilbo, 2009.
Julie 6 – Julie et le feu follet, coll. Bilbo, 2008.
Julie 5 – Julie et la Dame blanche, coll. Bilbo, 2006.
Julie 4 – Julie et le Bonhomme Sept Heures, coll. Bilbo, 2005.

- **Finaliste au Prix des abonnés des bibliothèques de Québec 2006, catégorie roman jeunesse.**

Julie 3 – Julie et la danse diabolique, coll. Bilbo, 2004.
Julie 2 – Julie et le serment de la Corriveau, coll. Bilbo, 2003.

- **Finaliste au Prix d'excellence de la culture, catégorie jeunesse, 2004.**

Julie 1 – Julie et le visiteur de minuit, coll. Bilbo, 2002.

TRAHIE

Projet dirigé par Stéphanie Durand, éditrice

Conception graphique: Nathalie Caron
Mise en pages: Andréa Joseph [pagexpress@videotron.ca]
Révision linguistique: Sophie Sainte-Marie et Flore Boucher
En couverture: Freestockcenter / Freepik

Québec Amérique
7240, rue Saint-Hubert
Montréal (Québec) Canada H2R 2N1
Téléphone: 514 499-3000, télécopieur: 514 499-3010

Nous reconnaissons l'aide financière du gouvernement du Canada.

Nous remercions le Conseil des arts du Canada de son soutien. L'an dernier, le Conseil a investi 157 millions de dollars pour mettre de l'art dans la vie des Canadiennes et des Canadiens de tout le pays.

Nous tenons également à remercier la SODEC pour son appui financier. Gouvernement du Québec – Programme de crédit d'impôt pour l'édition de livres – Gestion SODEC.

Canada | Conseil des arts du Canada | Canada Council for the Arts | SODEC Québec

Catalogage avant publication de Bibliothèque et Archives nationales du Québec et Bibliothèque et Archives Canada

Latulippe, Martine
Trahie
(Titan)
Pour les jeunes.
ISBN 978-2-7644-3486-4 (Version imprimée)
ISBN 978-2-7644-3487-1 (PDF)
ISBN 978-2-7644-3488-8 (ePub)
I. Titre. II. Collection: Titan jeunesse
PS8573.A781T72 2018 jC843'.54 C2017-942222-7
PS9573.A781T72 2018

Dépôt légal, Bibliothèque et Archives nationales du Québec, 2018
Dépôt légal, Bibliothèque et Archives du Canada, 2018

quebec-amerique.com

Réimpression: septembre 2018

Imprimé au Canada

MARTINE LATULIPPE

TRAHIE

QuébecAmérique

Aux élèves et au personnel enseignant de
l'école secondaire de L'Odyssée Lafontaine,
avec une pensée particulière pour Josée Dumas

Quand le réveil a sonné, ce matin-là, le cauchemar n'avait pas encore fait basculer ma petite vie tranquille. Une journée comme une autre commençait. La musique m'a tirée de mes rêves, j'ai grogné un peu, j'ai appuyé sur snooze *pour gagner quelques minutes de pseudo-sommeil de plus. J'ai répété l'opération trois fois, puis je me suis enfin levée.*

Je me suis habillée en vitesse et j'ai déjeuné en deux bouchées, inconsciente de ce qui m'attendait. Comme d'habitude, j'étais presque en retard et je n'ai pas pris le temps de regarder mes messages ni même d'allumer mon cellulaire. J'ai couru jusqu'à l'école, heureusement située près de chez moi. J'ai quitté la maison sous un joyeux « Bonne journée, Noémie ! *» de ma mère.*

Il faisait soleil, le mois de juin était lumineux, l'école s'achevait, je finissais mon secondaire, j'étais amoureuse par-dessus la tête. Tout au long du chemin, j'ai fredonné. Je pense même que je souriais toute seule. À ce moment-là, je ne voyais pas comment les choses auraient pu mieux aller dans ma vie.

J'aurais dû me méfier. Je suis tombée d'encore plus haut.

1.
7 juin – Jour C pour Cauchemar

En mettant le pied dans l'école, je sens immédiatement que quelque chose ne va pas. J'ai l'impression que chaque gars que je croise me regarde d'un air moqueur. Pas seulement ceux de cinquième secondaire, comme moi. Non, des gars de tous les niveaux, qui n'ont aucune raison de me connaître. Les groupes de filles ricanent et chuchotent à mon passage. Y a-t-il quelque chose qui ne va pas dans ma tenue ? Suis-je habillée de façon trop voyante ? Je jette un œil à mon jean noir et à mon banal t-shirt gris. Non, rien à voir avec mon habillement. Que se passe-t-il, alors ?

Un court instant, je me demande même si ce n'est pas un rêve. Si je suis bel et bien réveillée. J'ai peut-être *snoozé* une fois de trop et je suis retombée dans mon sommeil ? J'ai l'impression d'être dans l'un de ces cauchemars où tout se déroule au ralenti. Malheureusement, je ne dors pas. Tout est réel.

Je marche dans le corridor. Des yeux se lèvent vers moi, des lèvres se retroussent en des sourires narquois. Deux des filles les plus populaires de l'école, Malorie et Joannie, me frôlent. La plus grande des deux, Malorie, blonde, impeccable, toujours maquillée et manucurée avec soin, murmure tout contre moi: «*Bitch*», avant de poursuivre sa route, comme si de rien n'était.

Joannie ne m'aime pas, tout le monde le sait. Mais Malorie ne s'est jamais vraiment occupée de moi avant. Je l'ai même consolée, une fois, il y a quelque temps… Pourquoi cette fille-là m'insulte-t-elle ce matin? Qu'est-ce qui me vaut ce traitement? Je ne comprends pas. Je n'aime pas ça du tout.

Enfin, j'aperçois un visage familier. Ma meilleure amie, Olivia, vient vers moi. Loin de me rassurer, son visage défait m'inquiète encore plus. Elle m'attrape par le bras, m'entraîne vers les cases en vitesse.

— Noémie, qu'est-ce qui t'a pris?

Je ne sais pas du tout de quoi elle parle. Je n'ai rien fait pour que tout le monde m'en veuille ainsi. Olivia insiste:

— Tu n'as pas vu la page Spotted de l'école?

Non. Je n'ai rien vu.

Je veux retourner dans ma chambre, sous mes couvertures, me rendormir, recommencer la journée à zéro.

2.

Huit mois plus tôt – 5 octobre

Je ne peux détacher les yeux de mon cellulaire, que je tiens discrètement sous la table. Mon cœur bat très fort dans ma poitrine. Je n'arrête pas de sourire toute seule. Dès que la réunion de l'équipe d'impro se termine, je sors du local presque en courant. Il reste douze minutes avant le début des cours de l'après-midi. Je dois absolument trouver Olivia.

J'arpente d'un pas pressé la cafétéria, la salle des élèves de cinquième secondaire, les rangées de cases. Où se cache ma meilleure amie ? Mais oui, à la bibliothèque ! J'y cours et je découvre rapidement Oli, confortablement calée dans un fauteuil, un roman à la main, des écouteurs sur les oreilles.

Je me précipite vers elle, avec toujours cet immense sourire qui semble ne plus vouloir me quitter. Je pose la main sur son épaule. Elle sursaute, retire ses écouteurs et chuchote :

— Salut, Noé ! T'avais pas une réun…

Je ne la laisse pas finir sa phrase. Je braque vers elle l'écran de mon cellulaire. En voyant ce qui s'y affiche, Oli s'écrie :

— QUOI ?

Elle a oublié de chuchoter, cette fois. La bibliothécaire nous jette un regard sévère. Je ramasse le sac de mon amie et lui fais signe de me suivre. Sitôt la porte de la bibli refermée, je me mets à parler beaucoup trop vite, d'une voix beaucoup trop aiguë :

— Il me propose d'être son amie Facebook ! Je pensais qu'il ne savait même pas que j'existais ! Crois-tu que ça veut dire…

Olivia tente de me calmer en posant la main sur mon épaule :

— Respire, Noémie, respire. Il veut ton amitié virtuelle, il ne t'a pas encore demandée en mariage !

Elle me taquine, mais elle ne peut s'empêcher de sourire, elle aussi. Mon excitation est contagieuse. Je sens bien que, sous ses dehors calmes, elle est aussi énervée que moi.

Je rêve à Lucas depuis environ trois ans. Je ne peux me retenir de le suivre du regard chaque fois que je le croise. Ses yeux bruns pétillants, ses cheveux un peu longs qui lui chatouillent la nuque, ses pommettes découpées… Ce gars est parfait ! Mieux que les vedettes des vidéoclips, mieux que les photos des magazines. Oli et moi, on peut parler de Lucas des soirées de temps… même si, en fait, on n'a pas grand-chose à dire ! Aucune de nous deux ne le connaît, aucune ne lui a jamais adressé la parole. Ce qui ne nous empêche pas de discourir des heures du beau Lucas : ce qu'il portait ce jour-là, avec qui il se tient, le regard qu'il nous a jeté – ou non – quand on l'a croisé, s'il va participer à la sortie d'hiver…

Lucas est un gars populaire, toujours entouré des plus jolies filles, qui traîne avec lui une solide réputation d'aimer fêter et d'être de *party*. Oli et moi, nous sommes plutôt solitaires, assez calmes. Et surtout indissociables. Nous sommes tout le temps ensemble, au point que certains profs nous appellent « les jumelles ». On a quand même un cercle d'amies, on fréquente trois ou quatre filles depuis notre première année dans cet établissement, mais en général on préfère rester toutes les deux seules. On achève notre secondaire dans cette école sans avoir fait la moindre vague.

Des années, donc, que je rêve de Lucas, de loin, sans oser l'approcher. Et aujourd'hui… bang ! Il me fait une demande Facebook !

Incrédule, je fixe l'écran de mon cell, sur lequel s'affiche la demande. J'interroge Oli d'une petite voix :

— Tu penses qu'il s'est trompé de personne ? Qu'il me prend pour quelqu'un d'autre ?

Ma meilleure amie soupire.

— Bravo, Noé ! Pour la confiance en soi, tu es vraiment mon modèle !

— Je n'ai jamais été dans sa classe, je ne lui ai jamais dit un mot, comment pourrait-il…

Olivia m'interrompt. Elle se gratte le menton, fait mine de réfléchir profondément :

— Attends… c'est peut-être parce que, depuis qu'on est en deuxième secondaire, chaque fois que tu le croises, tu le dévores des yeux ? Il a peut-être fini par le remarquer ?

J'éclate de rire.

— Hum… peut-être.

Oli redevient sérieuse.

— Moi, ça ne m'étonne pas que tu aies attiré son attention, Noé. Tu as changé, cet été, je te l'ai dit souvent. Tu as pris de l'assurance.

Elle a raison. J'ai travaillé dans un camp de jour et ça a été une révélation. J'ai toujours été d'un naturel timide, et voilà que je devais animer des groupes de jeunes, organiser des rassemblements, me déguiser, chanter, improviser… et j'ai adoré ça ! Au point où je me suis inscrite à l'équipe d'impro de l'école cette année. Je me sens différente de l'an dernier : je marche de façon plus confiante, je parle plus facilement aux autres, j'ai appris à sortir de ma coquille. Enfin, un peu plus. Je suis encore loin de toujours vouloir être sous les projecteurs, mais je m'améliore.

Oli jette un regard approbateur à mes longues boucles châtaines que le soleil a éclaircies, à mon bras droit couvert de sept ou huit bracelets de fils que j'ai moi-même faits, à mes pommettes rosies par l'excitation, et elle ajoute :

— Je ne suis pas du tout surprise qu'il t'ait remarquée, Noé. Arrête de penser que ce gars-là est trop beau pour toi. C'est peut-être lui qui n'est pas à la hauteur de ma *best* !

Zut ! la cloche sonne ! Nous allons rater le début de la période ! Je n'ai pas vu passer les minutes. Nous courons vers le secrétariat chercher un billet de retard.

Normalement, c'est le genre de truc qui m'énerverait vraiment. J'aime bien faire les choses, ne pas attirer l'attention, arriver à l'heure, ne pas avoir d'embêtements.

Mais aujourd'hui, pour être honnête, ça m'est complètement égal. Je remets mon billet de retard à mon prof de français avec un sourire large comme un arc-en-ciel.

Lucas m'a remarquée.

Lucas sait que j'existe.

3.
Sept mois plus tôt – 13 novembre

Je suis toujours sur mon nuage. Des semaines que je file le parfait bonheur, ou presque.

En octobre, Lucas et moi, on a commencé à s'écrire. D'abord une fois de temps en temps, puis plus souvent. Un petit message de bonne journée le matin, de bonne nuit le soir, de bonne chance pour un examen. Juste un bonhomme sourire pour dire: «Je pense à toi», un clin d'œil pour couper l'après-midi. Il est vite devenu indispensable à mes journées. Il est encore plus intéressant que je le croyais et, au fil des discussions, on se découvre plein de points communs.

On s'est mis à passer de plus en plus de temps ensemble à l'école, aux pauses, au dîner. On s'est aussi vus à quelques reprises en dehors de l'école. C'est magique! Tout est facile: on discute des heures, il est gentil avec moi, il réussit toujours à me faire sentir comme si j'étais la personne la plus importante au monde. On est allés au cinéma, on a été marcher en ville, boire un chocolat chaud. Plein d'occasions toutes plus romantiques les unes que les autres et, chaque fois, je meurs d'envie de l'embrasser, mon estomac se noue quand son bras frôle le mien ou quand il attrape ma main, pour rire, pour traverser une rue ou pour me faire tournoyer dans le corridor en me chantant sa pièce préférée du moment…

Mais pas de baiser. J'en suis venue à me demander si je me trompe complètement sur ses intentions : après tout, peut-être qu'il cherche juste une bonne amie ? Que je lui invente de l'intérêt pour moi ? Tant pis ; si c'est le cas, je prendrai ce qu'il veut bien m'offrir !

J'entre à l'école, rêveuse, en repensant à notre très agréable sortie cinéma d'hier. Après le film, nous sommes restés longtemps à discuter, comme si aucun de nous deux ne se résignait à s'en aller. Quand l'employé est venu verrouiller les portes de l'établissement, il a bien fallu partir !

Ce matin, pour une rare fois, je n'arrive pas à la toute dernière minute. J'ai toujours eu du mal à me lever tôt. Mais depuis octobre, depuis que j'apprends peu à peu à connaître Lucas, j'ai de plus en plus souvent envie de ne pas me pointer trop tard à l'école. J'ai une bonne raison de ne pas appuyer sur le *snooze* de mon réveil : j'espère croiser Lucas avant le début des cours.

Perdue dans mes pensées, j'entre la combinaison du cadenas de ma case quand j'entends soudain derrière moi :

— Tiens, justement celle que je cherchais !

Je me retourne immédiatement. Il me fait un effet fou... Je sens un frisson dans mon dos juste au son de sa voix. J'aime tellement celle-ci ! Je prends un air taquin :

— Tu me cherchais ? Pour quelle raison ? Tu ne dois plus avoir grand-chose à me dire, tu m'as écrit quatre fois depuis qu'on s'est quittés hier soir...

Il feint d'être vexé :

— Ça te dérange ? Tu aimerais mieux que j'arrête ?

— Au contraire...

— Tant mieux, Noé. Sérieusement, je voulais te voir ce matin parce qu'il y a quelque chose que je regrette...

Ma gorge se serre. J'ai soudain le souffle court. Ça y est, il va me dire qu'il espère que je ne me fais pas d'idées, qu'il ne veut pas me blesser, que je suis super fine et tout et tout, mais qu'il pense que ce serait mieux de juste rester amis...

Lucas interrompt le petit scénario que je suis en train de créer dans ma tête. Il s'approche de moi. Je me retrouve le dos collé à la case. Une fois très, très près, il murmure :

— Toute la soirée hier, j'en ai eu envie… Je suis rentré chez moi en me traitant de nono. En fait, il y a des semaines que j'en ai envie. Et ce matin, je me suis promis de…

Il pose ses lèvres sur les miennes. C'est le plus beau moment de ma vie, le plus merveilleux baiser au monde, sûr et certain. J'ai l'impression que des feux d'artifice vont éclater, qu'une caméra va se mettre à tourner autour de nous, comme dans les scènes qui me semblent si quétaines au cinéma…

Ma rangée de cases m'apparaît soudain comme le lieu le plus romantique de l'univers. Je n'oublierai jamais cet instant précis. Je le sais. Jamais de toute ma vie.

Nous restons ainsi soudés l'un à l'autre. Puis Lucas recule d'un pas et me lance son sourire le plus charmeur :

— On se voit après l'école ? Ça se peut que je t'écrive encore trois ou quatre fois d'ici là !

Il n'attend même pas ma réponse et s'éloigne, me laissant bouche bée et la tête tout à l'envers. J'ai déjà eu quelques *chums*, bien sûr, mais jamais rien de sérieux. Je ne pensais pas qu'il était possible d'embrasser comme ça… J'en ai les jambes qui tremblent.

La sonnerie de mon téléphone me ramène sur terre. J'ai reçu un texto. De Lucas. Je regarde l'écran :

> C'était encore mieux que dans mes rêves ! ♥♥♥

Je pense que je vais m'évanouir de bonheur.

4.

8 juin – Lendemain du jour D pour Drame

Mon père frappe doucement à la porte.

— Noémie, ça va ? Je peux entrer ?

La tête sous l'oreiller, je grommelle quelque chose que mon père prend pour un oui, visiblement, puisqu'il ouvre et vient s'asseoir sur mon lit.

— Comment tu te sens, ma grande ?

Démolie, anéantie, finie. Voilà comment je me sens. Mais je ne peux évidemment pas répondre ça à mon père. Pas question que je lui raconte ce qui m'arrive. J'en mourrais de honte. Il scrute mon teint pâle.

— Tu veux manger quelque chose ? Tu devrais boire un peu, au moins.

Ma mère nous rejoint, l'air inquiet.

— Ça va mieux, ce matin ?

Leur sollicitude me touche. Les larmes me montent aux yeux… une fois de plus. Comment expliquer à mes parents que ça ne pourra plus jamais bien aller ? Que ma vie est démolie ? Qu'il est hors de question que je remette les pieds dans cette école ? Que je n'oserai plus jamais affronter le regard des autres élèves ?

Ma mère me touche le front, me caresse les cheveux.

— Lucas et Olivia n'arrêtent pas d'appeler. Ils sont inquiets pour toi. Je leur dis quoi ?

J'ai envie de hurler. Juste à entendre le nom de Lucas, mon corps semble se révolter. Ma vue se brouille. La tête me tourne.

— Que je ne vais pas à l'école aujourd'hui. J'ai mal au cœur…

Tellement mal au cœur… Pas parce que j'ai la nausée, plutôt parce que j'ai le cœur en miettes. Mes parents se jettent un regard préoccupé. Maman murmure :

— Je vais rester avec elle aujourd'hui…

Je tente de protester, de dire que c'est inutile qu'elle manque le travail pour moi, mais ça ne sert à rien. Elle insiste. Je m'en veux de leur faire vivre ça. Mais je ne vois pas comment je pourrais leur expliquer ce qui s'est passé. Je ne pourrai jamais leur en parler.

Hier matin, après mon arrivée cauchemardesque à l'école et ma discussion avec Oli, j'ai bien essayé d'aller à mes cours. Comme si je ne réalisais pas encore tout à fait la gravité de la situation. Heureusement, en traversant les corridors pour me rendre à mon local, je n'ai pas croisé Lucas. Je ne sais pas ce que j'aurais pu lui faire... Moi qui suis si peu violente, j'avais envie de le frapper. De lui faire mal, moi aussi.

Pleine de bonne volonté, je me répétais les paroles d'Olivia en tentant de me convaincre : « La tête haute, Noé ! Arrête de penser que tout le monde est au courant ! Montre-leur que tu t'en moques ! » Mais je n'y croyais pas du tout. J'étais complètement à l'envers, j'avais la gorge si serrée que j'avais du mal à avaler, le ventre si crispé que j'avais une seule envie : me rouler en petite boule sur le plancher et disparaître. Assise à ma place, la tête entre les mains, j'essayais de ne pas écouter les rumeurs de la classe. Je savais bien de quoi tout le monde parlait ce matin... J'étais au courant, maintenant.

Ma prof de mathématiques a vite vu que quelque chose clochait.

— Noémie ? Ça ne va pas ? Tu es verte, ma pauvre.

Je n'ai pas pu me retenir, j'ai éclaté en sanglots. Comme si les élèves tout autour n'avaient pas déjà assez de raisons de parler de moi aujourd'hui...

— Va voir la secrétaire et rentre chez toi. Repose-toi bien.

J'ai ramassé mon sac et j'ai couru vers les toilettes les plus proches. J'ai été malade, malade, comme si ça n'allait plus jamais s'arrêter. Comme si je voulais sortir toute ma douleur, toute ma peine. Je me sentais les joues brûlantes, le front fiévreux. Ça ne s'est pas amélioré : après avoir vomi, je me suis appuyée contre le mur de la cabine, et le graffiti m'a sauté au visage... Là, juste sous mes yeux, on avait griffonné : *Noémie Biron... TRAÎNÉE!!!* Avec plein de bons-hommes sourires à côté. Comme si c'était drôle.

J'ai pensé être malade de nouveau, mais non. Je n'avais plus rien à l'intérieur. Le grand vide. Je suis sortie de la cabine. Je tremblais tant que j'ai eu du mal à me laver les mains. J'ai fini par quitter les toilettes après une éternité. J'avais beau avoir été malade, je ne me sentais pas mieux. Peut-être même pire encore.

Je suis passée au secrétariat pour avertir de mon départ. J'ai appelé mon père à son travail pour le prévenir que je n'allais pas très bien, que je quittais l'école. Il a proposé de venir me chercher, mais j'ai préféré marcher, croyant que le grand air me ferait du bien.

Je suis rentrée lentement chez moi, la tête basse, les yeux rivés au trottoir. Les mots du graffiti me hantaient l'esprit. Tout comme les regards moqueurs et les chuchotements. Le grand air n'a rien changé. Si au moins il avait plu à boire debout, si le ciel avait été gris et lourd pour accompagner mon moral. Mais non : le soleil brillait comme jamais, semblant me narguer. Je n'avais plus rien à voir avec la fille joyeuse qui courait vers l'école en fredonnant et en souriant ce matin. Je ne pouvais même plus imaginer sourire de nouveau.

Je suis arrivée à la maison, j'ai déverrouillé d'une main tremblante, je me suis réfugiée dans ma chambre. J'ai fermé les rideaux. Je ne voulais pas de ciel bleu, pas de soleil. Que du noir. Pour aller avec le vide qui m'habitait.

J'ai pleuré toute la journée, je n'ai rien pu manger. Quand mes parents sont rentrés du travail, ils m'ont questionnée, inquiets. J'ai vaguement parlé d'une gastro, d'un virus qui court à l'école. Je ne pense pas qu'ils aient cru mon histoire. Tant pis. Je n'avais pas l'énergie de tenter de les convaincre davantage.

Je n'ai pas dormi de la nuit. Des images me tournent sans arrêt dans la tête. Je me demande si un jour je parviendrai à bien dormir comme avant. Avant ces événements.

Et voilà mes parents dans ma chambre, ce matin, qui veulent me réconforter, qui s'occupent de moi… S'ils savaient… Ils ne doivent *jamais* savoir. Ça les détruirait. Je ne leur dirai pas un mot de cette histoire.

Et je ne remettrai plus jamais les pieds dans cette école.

Et je ne croirai plus jamais aucun garçon.

5.

Six mois plus tôt – 13 décembre

Je rejoins Olivia à sa case à la fin des cours. Je me sens un peu mal. Je néglige ma meilleure amie, ces jours-ci. Tout au long de notre secondaire, on a passé tout notre temps libre ensemble. Normalement, c'est avec elle que je prends mes pauses, mes dîners. Nous avons d'autres amies, bien sûr, mais une journée sans Oli, c'est inimaginable !

Ces jours-ci, je saute souvent mon tour. Je tiens toujours autant à elle, mais j'ai envie de voir Lucas le plus possible. Je passerais tout mon temps avec lui. Je l'aime tellement… Et c'est réciproque. Je n'en reviens pas ! J'ai l'impression de rêver !

Oli ferme sa case, se retourne et m'aperçoit.

— Noé ! Que me vaut l'honneur de cette visite ?

Elle prend un air taquin, mais je sens bien l'ironie derrière. Il n'y a pas que moi qui trouve que je la néglige… J'essaie de paraître désinvolte :

— Franchement ! On se voit chaque jour !

— Hum, hum… On se voit, oui, mais on se côtoie réellement seulement quand Lucas n'est pas là.

Elle exagère un peu, quand même. Je dîne avec elle au moins une fois par semaine. Je la prends par le bras.

— Hé, je suis là maintenant ! Tu ne vas pas me bouder !

Olivia n'est pas rancunière du tout. Elle s'empresse de dire :

— Bien sûr que non !

Je demande :

— Es-tu pressée de partir ?

Mon amie regarde sa montre.

— De partir de l'école, non. Mais j'ai juste vingt-cinq minutes devant moi. On a une répétition pour l'harmonie.

Je l'entraîne vers la cafétéria. Je nous achète des chocolats chauds et nos galettes préférées. Olivia me jette un regard ironique quand je lui tends mes achats.

— Ouin… tu me gâtes… Ne viens pas me faire croire que tu ne te sens pas coupable !

J'éclate de rire. J'adore Oli. Je réponds franchement :

— Un peu, oui. Tu m'en veux ?

Elle hausse les épaules.

— Tu sais bien que non. Je m'ennuie, oui, mais je ne t'en veux pas.

— Je m'ennuie aussi, Oli. Mais si tu savais comme je suis bien, avec Lou…

Ses sourcils se haussent, elle me lance un sourire moqueur.

— Lou ?…

Je rougis.

— Je l'appelle toujours « mon Lou »… C'est quétaine, hein ? On a des petits surnoms affectueux.

— Je suis contente que ça aille bien, vous deux, Noé. Vraiment. Il est fin ?

— Il est adorable ! Tu ne peux pas imaginer !

J'ai envie de tout lui raconter. Je pourrais parler de Lucas pendant des heures. Mais Oli me ramène sur terre en jetant des coups d'œil à sa montre fréquemment. Je garde mes histoires pour une autre fois. Mon amie ne peut s'empêcher d'y aller d'une recommandation :

— Tant mieux. Sois prudente, quand même. Je te trouve un peu intense. Il me semble que ça va vite, entre vous deux. Vous êtes toujours ensemble…

Je pousse un soupir agacé. Mes parents n'arrêtent pas de me dire la même chose : que je ne vois plus personne d'autre que Lucas, que je devrais faire attention, les amitiés durent plus longtemps que les amours, que je vais être blessée s'il arrive quoi que ce soit… Belle morale, franchement ! Soyons méfiant en amour au cas où ça ne durerait pas toujours ! Je n'ai aucune envie d'être sur mes gardes. J'ai une totale confiance en Lucas et je n'ai jamais été si heureuse.

Je me dépêche de changer de sujet. J'en ai assez de me faire faire la leçon.

— Hé, tu as vu ? Notre groupe préféré vient en spectacle à Montréal l'été prochain !

Oli s'emballe :

— Je sais, c'est fou !

Nous nous mettons à jaser avec animation de musique, de vidéos Internet, de nos cours, d'un chandail qu'elle a acheté, de mon équipe d'impro, de sa prochaine compétition avec l'harmonie… Nous sommes intarissables ! Les vingt-cinq minutes filent beaucoup trop vite. Ça me fait un bien fou de retrouver mon amie ! Je vais essayer d'être plus attentionnée. Oli est précieuse dans ma vie, je ne veux pas la perdre.

Olivia se lève et pose son sac sur son épaule.

— Je dois absolument y aller.

— Je t'accompagne.

Nous nous dirigeons vers le local de musique. Elle demande :

— Tu ne rentres pas chez toi ? As-tu un match d'impro ce soir ?

— Non, pas de match. Je n'ai rien qui presse…

J'avoue d'un ton embarrassé :

— Et puis j'attends Lucas. Il avait un entraînement de basket.

Le sourire railleur d'Oli me fait un peu mal.

— Ah ! je comprends mieux pourquoi tu avais le temps de me parler !

— Arrête, t'es pas drôle !

Mais intérieurement, je sais qu'elle a raison. Si Lucas n'avait rien eu au programme, je ne serais pas ici en train de parler à Oli… Je propose :

— Tu sais ce qu'on devrait faire après-demain ? C'est vendredi. Tu viens dormir chez moi, tu achètes plein de chips, moi des bonbons, et on regarde des films jusqu'à ce qu'on tombe de sommeil !

Les yeux d'Oli pétillent. Avant, on faisait ça presque tous les vendredis. J'ai passé pratiquement toutes mes dernières fins de semaine avec Lucas.

— Ça me tente tellement, Noé ! Tu es sûre ?

— Certaine.

Oli m'interroge :

— Lucas est occupé après-demain ?

— Je ne sais pas, je ne lui ai pas demandé !

C'est vrai, en plus ! Je prends la résolution d'être plus souvent avec Oli. On sera juste contents de se revoir, Lucas et moi, si on n'est pas toujours ensemble !

Nous sommes presque rendues au local. Pour y arriver, nous devons passer devant le gymnase, dont la porte est ouverte. L'équipe de basket est en plein entraînement.

Je ne peux m'empêcher de chercher Lucas des yeux. Il ne semble nulle part sur le terrain. Je l'aperçois enfin, sur un banc, en train de boire de l'eau. La grande Joannie est debout devant lui, blonde et magnifique comme toujours, dans sa tenue de *cheerleader*. Les deux sont en pleine discussion. Joannie éclate de rire, pose la main sur le bras de Lucas.

Oli me jette un regard.

— On dirait qu'ils s'entendent bien…

Je hausse les épaules.

— Oui, ils font partie de la même *gang* depuis cinq ans. Il a une vie, lui aussi ! Il ne peut pas parler juste à moi !

J'essaie de paraître absolument sûre de moi, mais il y a une familiarité entre Lucas et Joannie qui m'agace. Oli lance :

— Tu n'es pas la seule à le trouver irrésistible, ton Lou ! Bon, j'y vais… À vendredi, Noé. J'ai déjà hâte !

6.

Cinq mois plus tôt – 7 janvier

Me voilà devant sa maison. J'ai un peu mal au ventre tant je suis stressée. Ce soir, ce sont les présentations de famille officielles ! Lucas est enfin de retour ! Je me suis tellement ennuyée. Il a passé les fêtes en Floride, avec les siens, au soleil. Je frappe à la porte. Lucas vient ouvrir, tout beau et bronzé. Je lui saute au cou.

— Mon Lou !

— C'était bien trop long, Noé… Je pensais tout le temps à toi ! L'an prochain, tu viens avec nous !

Mon cœur bat à grands coups. Je ne peux pas croire qu'il est déjà en train de me parler des fêtes de l'année suivante et qu'il a l'air si convaincu qu'on sera encore ensemble. Je sais qu'on ne se fréquente que depuis deux mois environ, mais plus ça va, plus j'en suis certaine : c'est l'homme de ma vie ! Je le serre encore plus fort entre mes bras. Une petite voix interrompt notre étreinte :

— Tu devrais enlever ton manteau.

Je baisse la tête. Une adorable fillette se tient devant moi et tend le bras. Lucas m'a dit qu'il avait une petite sœur de dix ans, mais elle est toute menue, elle paraît vraiment plus jeune. J'enlève mon manteau et je le lui donne en disant :

— Toi, tu dois être Camille.

Elle sourit, contente que je sache déjà son nom, et elle court porter mon manteau sur une patère. Je regarde Lucas.

— Elle est trop mignonne, ta petite sœur !

Il lève les yeux au ciel, moqueur.

— Mignonne, elle ? On voit bien que tu ne la connais pas. C'est une peste !

La mère de Lucas vient ensuite se présenter, puis son beau-père. La soirée se déroule très bien, tout le monde est sympathique comme tout. Moi qui croyais être si nerveuse que je ne pourrais pas avaler une bouchée, je fais au contraire honneur au tartare du beau-père de Lucas.

— C'est vraiment délicieux !

— C'est ma spécialité, clame fièrement Patrick.

— Sa seule spécialité, renchérit Camille. On en mange souvent !

Rire général à table ! L'ambiance est détendue, tous se taquinent et sont parfaitement à l'aise. Camille semble m'avoir adoptée. Elle babille joyeusement et me raconte sa vie.

— Sais-tu quoi, Noémie ? Je viens de me créer un compte Facebook.

Lucas demande :

— Ça ne prend pas treize ans pour être là-dessus ?

Elle répond avec aplomb :

— Oui, j'ai menti. Il me manque juste trois ans. Veux-tu être mon amie, Noémie ?

Avant que j'aie le temps de répondre, Lucas intervient :

— Franchement, Camille ! Arrête ! Noémie ne veut pas d'amies Facebook de dix ans, non !

Camille ne réagit même pas au commentaire de son frère. Elle me demande, comme s'il n'avait rien dit :

— Tu as des frères ou des sœurs ?

— Non. Je suis enfant unique.

Alors que je m'attends à ce qu'elle prenne un air apitoyé du type « pauvre toi », je vois plutôt Camille s'exclamer malicieusement :

— Chanceuse ! J'aimerais tellement ça !

Lucas grommelle :

— Quoi ? Tu sais ce que tu mérites ? Une grosse séance de chatouilles !

Elle se sauve de table en hurlant. Lucas court après. J'éclate de rire.

— Wow ! C'est génial qu'ils s'entendent si bien !

Isabelle, la mère de Lucas, s'exclame :

— Ce n'est pas toujours le cas ! Ils ont une grande différence d'âge, comme tu le sais. J'ai eu Lucas avec mon premier conjoint. Quelques années après, on s'est séparés. Je pensais bien que c'était terminé pour moi, la famille, mais c'était avant de rencontrer Patrick…

Elle tapote affectueusement la main de son conjoint, qui lui lance en retour un regard tendre. Ils sont beaux à voir, ces deux-là. Isabelle continue :

— Bref, la naissance de Camille a bousculé notre quotidien à tous, en particulier celui de Lucas, qui avait été enfant unique pendant des années. Il faut dire qu'elle bouge beaucoup, elle parle tout le temps, elle demande pas mal d'attention.

J'interviens :

— En tout cas, elle semble vraiment gentille.

Patrick approuve :

— Oui, elle l'est. On est bien chanceux. Lucas est également un bon gars. Mais les deux ensemble, c'est… comment dire…

Isabelle complète :

— C'est la guerre ! C'est explosif. Ils se disputent sans arrêt, sur n'importe quoi. Tu ne peux pas t'imaginer les bagarres auxquelles on a droit ! Là, ils sont polis parce qu'il y a de la visite, mais leurs chicanes sont rarement si amicales…

Lucas et Camille reviennent à table, les joues rouges, essoufflés. Nous changeons de sujet. La soirée se poursuit tout aussi agréablement. On parle de l'école, des vacances des fêtes, de nos projets de cégep pour l'automne… C'est la première fois que je suis reçue par les parents d'un de mes *chums*, ce n'est jamais arrivé avant, pour la simple raison que je n'ai jamais eu de relation sérieuse. Je voyais la rencontre officielle avec la belle-famille comme une épreuve terrible, mais je suis étonnée de passer un si bon moment. On dirait que je connais les proches de Lucas depuis longtemps !

Soudain, Isabelle regarde sa montre et sursaute :

— Oh, je n'ai pas vu le temps filer ! Il est neuf heures, Camille ! Au lit ! Tu as de l'école demain…

Camille rouspète. Elle n'a pas envie de dormir et elle ne veut pas aller à l'école le lendemain. Patrick dit d'un ton apaisant :

— Pas le choix ! Et puis on arrive de vacances. Tu as eu plus de deux semaines de congé, ma belle ! Difficile de faire pitié !

— Oui, mais je veux rester avec Lucas et Noémie.

Je m'empresse de lui dire :

— Je vais y aller, de toute façon. Après tout, c'est le retour à l'école demain pour nous aussi !

— Je te raccompagne, propose Lucas.

Aussitôt, Camille se lève de table et court enfiler son pyjama. Isabelle me lance un regard reconnaissant. Elle entreprend de desservir et me dit :

— Tu reviendras nous voir, Noémie. C'était très sympathique de faire ta connaissance. Lucas nous a tellement parlé de toi !

Je suis tout heureuse d'entendre ça. Je me dirige vers la porte pour mettre mes bottes.

Pendant que Lucas va chercher nos manteaux, Camille revient vers moi en vitesse, adorable dans un pyjama d'elfe mauve. Elle me tend les bras. Émue, je lui fais un gros câlin. Elle chuchote dans mon cou :

— Tu es super fine. Bien plus que Joannie.

Mon cœur manque un battement. Je balbutie :

— Que… que Joannie ?

Elle m'explique, toute sérieuse :

— Oui, avant, c'était elle, l'amoureuse de Lucas qui venait souper. Mais je t'aime plus, toi. Bonne nuit !

Elle file dans sa chambre dès que Lucas revient. Il me tend mon manteau :

— Qu'est-ce qu'elle te racontait, la petite peste ?

— Euh… rien, rien. Elle me disait que j'étais fine.

— Là-dessus, je suis totalement d'accord avec elle, pour une fois !

Je souris. Mais intérieurement, je ne peux m'empêcher d'être un peu irritée. Je sais bien que Lucas a eu d'autres blondes avant moi. Je sais aussi que Joannie se tient dans la même *gang* que lui, c'est une de ses meilleures amies. Pas de problème. Mais pourquoi ne m'a-t-il jamais dit qu'il était sorti avec elle ? Et que leur relation avait été assez sérieuse pour qu'elle vienne souper en famille, chez lui ?

7.

11 juin – Quatre jours après le jour C pour Catastrophe

Une autre journée où je n'irai pas à l'école… Je pense que je ne sortirai jamais plus de ma chambre. Les événements sont arrivés jeudi. Je n'ai pas pu bouger d'ici depuis. Et nous voilà lundi matin…

Ma mère entre dans la pièce sur la pointe des pieds. Elle chuchote :

— Ça va, Noémie ? Qu'est-ce qui se passe, ma belle ? Parle-moi… Je suis morte d'inquiétude.

Elle s'assoit sur le lit, pose la main sur mon front.

— Ce n'est pas un virus. Je vois bien qu'il est arrivé quelque chose, Noé. C'est Lucas ?

Je me remets à pleurer. J'ai l'impression de ne faire que ça depuis quatre jours.

— Ça fait mal, une peine d'amour, ma grande, mais il y a d'autres gars. Tu vas voir, tu…

Je l'interromps.

— Ce n'est pas… pas juste ça.

Elle insiste doucement :

— Je veux comprendre, Noémie. Je veux t'aider. Je suis là pour ça. Ce n'est sûrement pas si grave… Ensemble, on va trouver une solution. Il y a toujours une solution à tout.

C'est si réconfortant… J'aimerais tant que ce soit aussi simple, comme lors des chicanes d'amis quand j'étais toute petite. Je raconte ça à maman, qui prend les choses en main, et la paix est rétablie. Un moment, je pense vraiment à tout lui raconter. Mais la situation me revient brutalement et je sais que je ne pourrai jamais en parler à mes parents. J'ai trop honte. Cette fois, il n'y a pas de solution.

Ma mère demande encore :

— Allez, raconte-moi.

Je m'impatiente et je finis par lui crier :

— NON ! JE NE PEUX PAS ! Comprends-tu ça ? Arrête ! Laisse-moi tranquille. Laissez-moi tous tranquille !

Les yeux de ma mère se remplissent de larmes. Je m'en veux tellement de la blesser alors que tout ce qu'elle souhaite, c'est m'aider… Je poursuis plus calmement :

— Désolée, maman. J'ai juste besoin de me reposer. S'il te plaît…

— Je dois aller travailler aujourd'hui, Noé, mais ce soir on reparlera de tout ça. Tu ne peux pas rester enfermée dans ta chambre pour toujours. La vie continue. Tu es si forte, d'habitude. Je ne sais pas ce qu'a fait Lucas, mais une chose est sûre : aucun garçon ne mérite qu'on se morfonde pour lui à ce point. Il faut aller de l'avant.

Elle me serre dans ses bras avant de sortir de la pièce. Si seulement c'était juste une peine d'amour… C'en est une, bien sûr, mais le pire, je crois, c'est ce sentiment d'avoir été trahie. D'avoir fait entièrement confiance à Lucas et de me retrouver ainsi…

Je lui en veux. Tellement.

En même temps, ma mère a raison. Je ne pourrai pas passer le reste de ma vie enfermée ici, cachée sous mes draps.

Je m'assois dans mon lit, j'inspire profondément et, pour la première fois depuis quatre jours, j'ouvre mon cellulaire. J'ai des tonnes de courriels, de textos, d'appels manqués. Des filles de l'école, des noms que je ne reconnais pas, quelques amis de l'impro, mais la très grande majorité de Lucas et d'Olivia.

J'effleure rapidement du regard les courriels que Lucas a envoyés dans ma messagerie sans les ouvrir. J'ai juste le temps de voir que la plupart sont intitulés *Rien à voir là-dedans*; *Stp, stp, stp*; *Je m'inquiète*; *Réponds*… Je les supprime tous sans les lire. Je jette un œil fatigué sur les appels manqués qui proviennent de lui, sur les textos implorants qu'il semble avoir écrits. Je ne lis rien. Pareil sur Messenger: dans la discussion que j'ai avec Lucas, trente-quatre nouveaux messages. Je n'en regarde aucun. Je raye Lucas de mes amis Facebook, je le retire d'Instagram, de Snapchat, de tout ce qui est possible. J'aimerais faire comme s'il n'avait jamais existé. J'aimerais l'enlever de ma vraie vie, pas juste des réseaux sociaux.

Je parcours les autres messages reçus: des gars de l'école qui me demandent si je veux passer une soirée avec eux, d'autres que je ne connais même pas qui veulent recevoir des photos du même genre, des filles qui m'insultent ou me disent qu'elles n'auraient jamais cru ça de moi…

J'ai envie de pleurer. De hurler. Ça ne sert à rien. J'aurais beau leur expliquer la situation, tout le monde a vu la photo… Je n'ouvrirai aucun autre message.

Je décide finalement de consulter ceux d'Oli. Je prends le temps de les lire. Elle est très inquiète. En gros, elle me raconte qu'elle a appelé des dizaines de fois, qu'elle n'arrête pas de penser à moi, qu'elle veut absolument me voir.

Je regarde l'heure. Les cours ne sont pas commencés. Je texte à mon amie :

Tu veux venir après l'école ?

Sa réponse ne tarde pas.

Ouiiiiiiiiiiiii !

Ne me reste plus qu'à passer à travers cette journée. À essayer de me rendre présentable, peut-être ; à avaler un petit truc, au moins. À tenter de penser à autre chose, même si je sais bien que c'est impossible.

8.

Quatre mois plus tôt – 9 février

Enfin, c'est vendredi ! Les semaines de février n'en finissent plus. Il fait froid, il fait noir, tout le monde a le moral un peu bas. De mon côté, tout va bien : il y a Lucas ! Rien ne peut m'empêcher d'être de bonne humeur.

Dès que la cloche sonne, je rejoins Olivia. Je demande de mon ton le plus enthousiaste :

— Prête pour une super soirée ?

Elle hausse les épaules. Oups ! visiblement, mon enthousiasme n'est pas contagieux.

— Bof, vraiment pas sûre que j'ai envie d'y aller, Noé. Je ne connais presque personne à ce *party*...

— Franchement, Oli ! On étudie depuis cinq ans avec pratiquement tous ceux qui seront là.

Mon amie soupire d'impatience.

— Tu comprends très bien ce que je veux dire ! Il n'y en a aucun d'entre eux à qui on parlait avant que tu sortes avec Lucas. Je n'ai pas grand-chose en commun avec ce monde-là...

Elle a raison, bien sûr. C'est le genre de soirée à laquelle on n'aurait jamais participé avant Lucas. J'insiste, un peu de mauvaise foi :

— Oli, je ne te demande pas de devenir leur meilleure amie ou de te mettre à dîner avec eux tous les jours. C'est juste une soirée... On est vendredi, on a un *party* de prévu, c'est le *fun*, non ? C'est mieux que de rester chez soi !

Lucas et moi, nous avons souvent tendance à faire des activités seuls, tous les deux. Il voit ses amis de son côté, même chose pour moi avec Oli de temps à autre. Mais nous mêlons rarement nos deux univers. Quand il m'a invitée à ce *party* où il avait envie d'aller, l'occasion m'a paru belle de connaître un peu mieux son monde et de passer quand même mon vendredi soir avec Olivia. De faire d'une pierre deux coups !

Oli vient souper chez moi, puis nous nous préparons ensemble pour aller chez Nathan, un des meilleurs amis de Lucas. J'adore ces moments avec Oli avant de sortir : on essaie dix tenues différentes, on échange nos vêtements, on fait des tests de coiffures, de rouges à lèvres, la musique joue assez fort dans ma chambre, on blague, on discute, on se donne mutuellement des conseils pour nos *looks*... C'est vraiment agréable ! Chaque fois que nous sortons, c'est notre rituel. Très souvent, les préparatifs sont aussi plaisants que la soirée en tant que telle !

Nous prenons tout notre temps et, quand nous arrivons chez Nathan, la soirée est déjà bien amorcée. Lucas se précipite vers nous :

— Hé ! je suis content que vous soyez venues ! Je commençais à ne plus y croire !

Il nous présente à quelques personnes autour, anime la conversation, nous demande si on veut boire quelque chose. Il discute avec nous un moment, mais je constate vite qu'il lance régulièrement des coups d'œil vers Phil, au bout de la pièce. Je finis par lui dire :

— Ne te sens pas obligé de rester avec nous, mon Lou. On s'arrangera bien toutes seules !

Oli ne peut s'empêcher de regarder au ciel en m'entendant l'appeler « Mon Lou ». Lucas ne remarque rien. Il me sourit.

— J'étais en grosse discussion avec Phil quand vous êtes arrivées. J'y retourne, alors, je vous vois plus tard !

Partout, des groupes rient aux éclats. Quelques couples dansent dans un coin. Beaucoup de bouteilles circulent. Personne ne vient nous parler. Nous nous retrouvons assez vite toutes les deux, Oli et moi, un peu mal à l'aise, à observer le *party* plutôt que d'en faire partie… Oli me lance d'un air moqueur :

— Contente d'être venue, Noémie ?

Au fond de la pièce, Lucas m'envoie un baiser du bout des doigts. Il semble heureux que je sois là. Je me force à sourire pour qu'il pense que je m'amuse et je dis à mon amie :

— On vient d'arriver… Donne-leur une chance !

Mais ça ne s'améliore pas par la suite. Oli a raison, nous n'avons pas grand-chose à faire ici. Personne ne nous embête, mais personne ne paraît tenir non plus à ce qu'on soit là. On aurait eu bien plus de plaisir à rester chez moi, toutes les deux, ou à aller au cinéma, ou même à aller patiner, comme l'a proposé Oli cet après-midi…

Enfin, Lucas revient vers nous. Au même moment, celui qui reçoit, Nathan, annonce un grand tournoi de *beer pong* : on doit lancer des balles dans des verres remplis de bière et vider le verre d'un trait quand quelqu'un réussit à placer la balle dedans. Plusieurs invités du *party* semblent déjà dans un état d'ébriété assez avancée… Je n'ose imaginer ce que ce sera après le jeu.

Oli me jette un regard découragé et murmure :

— Tu veux bien me dire ce qu'on fabrique ici ?

Avant que je puisse répondre, la belle Joannie accourt vers nous.

— Lucas ! Lucas ! Je veux mon partenaire préféré !

Elle le prend par le cou et me décoche un sourire éclatant :

— Lui et moi, on est imbattables à ce jeu !

Les paroles de Camille, la petite sœur de Lucas, me reviennent en tête : c'était Joannie, avant, l'amoureuse qu'il invitait à souper chez lui… Mon cœur se serre. Lucas m'a assuré par la suite, quand j'ai fini par lui en parler, qu'il n'avait pas pensé à mentionner qu'il était sorti avec elle juste parce que, pour lui, c'est bel et bien terminé… Il n'avait rien de plus à ajouter. Mais je ne peux m'empêcher de ressentir un pincement de jalousie quand je la vois être aussi proche de lui. Lucas a insisté :

— Ça ne voulait rien dire, Noé. On s'est rendu compte assez vite qu'on est seulement des amis, pas plus.

À voir la pétillante Joannie le tenir par les épaules en le qualifiant de partenaire préféré, j'ai quand même un petit doute. Pas sûre que la situation soit si claire pour tous les deux.

Heureusement, Lucas m'attrape par la main et déclare :

— Pas ce soir, Joannie. J'ai bien envie de jouer avec ma douce !

Je fonds. Je suis ridicule de m'en faire ainsi. Lucas et moi, c'est du sérieux. Joannie s'éloigne avec une moue boudeuse, en quête d'un autre partenaire.

Les équipes se forment. La nôtre affronte Manuel et Malorie. J'ai beau trouver le concept du « calage » de bière un peu absurde, je prends vite le jeu très au sérieux : je n'ai pas envie que Joannie et Lucas soient l'équipe imbattable ! J'ai le goût de lui prouver que je peux être aussi bonne que son ex. C'est complètement puéril, je sais. Mais je n'y peux rien, quelque chose m'agace dans leur relation.

Contre toute attente, je m'avère assez douée à ce jeu et je place souvent la balle dans le verre. Lucas est tout content, il me tape dans la main en criant de joie chaque fois, et je ne peux m'empêcher de lancer des regards triomphants vers Joannie, qui attend son tour pour jouer.

Je perds mon sourire en apercevant soudain Oli, assise dans un fauteuil, dans un coin, qui paraît être la seule à ne pas se laisser emporter par la frénésie du jeu. En fait, elle semble solidement s'ennuyer. Alors que tout le monde crie et encourage les joueurs, elle jette plutôt sur moi un regard incrédule.

Oli m'embête, ce soir… C'est vrai, c'est le genre de *party* qu'on ne fréquente pas trop habituellement. Et ça ne nous ressemble pas du tout de « caler » des verres d'alcool. Mais on a bien le droit de s'amuser un peu ! Je pense qu'elle pourrait se forcer, essayer de passer du bon temps. J'aurais très bien pu ne pas l'inviter ici, mais je l'ai fait parce que j'avais envie de la voir. Elle pourrait être reconnaissante, non ? Bon, je dois admettre que, si elle avait refusé mon invitation, j'aurais été toute seule une grande partie de la soirée. Mais quand même…

Je pousse un soupir et je reporte toute mon attention sur le jeu. Nous remportons bien vite la partie, Lucas et moi. Il hurle :

— Allez ! Deux autres meilleurs !

Une équipe formée de Phil et Lee-Anne vient prendre place pour nous affronter. Oli profite du changement pour se lever. Elle se glisse près de moi, au bout de la table, et me dit à l'oreille :

— Je vais y aller, moi, Noémie… Bonne fin de soirée.

Je suis déjà un peu chancelante en raison du nombre de verres que j'ai vidés. Je ris bêtement et j'essaie d'attraper le bras de mon amie :

— Arrête, Oli, t'es donc bien plate… Reste. Ça va être le *fun*.

Elle plante ses yeux dans les miens. Elle ne semble pas en colère, plutôt triste.

— Je n'ai aucun plaisir, Noé. Et je ne vois pas comment ça va s'améliorer, vu tout ce que vous buvez, toi et tes *amis*. La Noémie que je connaissais avant aurait trouvé ce *party* assez ordinaire merci, elle aussi.

Je tente de bredouiller quelque chose, mais tout autour de nous ça crie très fort, ça rit, la musique est assourdissante. Lucas lance :

— C'est à toi de jouer, Noé !

Oli hausse les épaules.

— Je te laisse t'amuser… Je ne te reconnais plus, Noé. Jusqu'où tu vas aller pour lui ?

Elle s'éloigne. Tout s'embrouille. Je devrais courir après elle, c'est ma meilleure amie depuis des années. Elle a toujours été là pour moi. Mais l'alcool me monte à la tête. Je vois le sourire encourageant de Lucas, la belle Joannie près de lui, j'entends les cris de tous ces gens avec qui je ne me suis jamais tenue… Je ramasse la balle de ping-pong et, une fois de plus, je l'envoie directement dans le verre.

Les hurlements de joie m'étourdissent. Lucas me serre entre ses bras. Je souris. Pendant ce temps, Oli sort de la maison et disparaît de ma vue.

9.

Deux semaines plus tôt – 24 mai

On croirait être en plein été tellement il fait beau. Ce matin, avant de partir pour l'école, j'ai reçu un texto de Lucas :

> Pas de lunch ce midi. Je m'occupe de tout.

Il est si gentil ! Il n'arrête pas de me préparer de petites surprises, il est super attentionné… Même mes parents semblent l'apprécier beaucoup… ce qui ne les empêche pas de me mettre régulièrement en garde parce qu'ils me trouvent trop intense dans cette relation. Trop intense ? Comment pourrait-on être trop intense quand on aime quelqu'un ?

Dès que l'heure du dîner arrive, Lucas me rejoint à ma case. Il porte un sac à dos bien rempli. Il me lance son sourire le plus charmeur :

— Envie d'un pique-nique ?

Quelle proposition tentante ! Je m'empresse de l'accepter.

— Et comment !

Mon prince charmant me tend le bras, et nous sortons en bavardant joyeusement.

Les quelques rares tables à pique-nique sur le terrain de l'école sont toutes prises, comme d'habitude. Lucas m'entraîne vers un arbre un peu plus isolé. Il sort une serviette de plage de son sac et la déplie d'un geste élégant en disant :

— Si madame veut bien daigner s'asseoir…

— Tu as pensé à tout !

Il rigole.

— J'essaie… même si je pense bien trop souvent à toi !

Je n'en reviens toujours pas. Je me pince chaque jour. Je ne parviens pas à croire à un tel bonheur. On est si bien ensemble ! Tout le monde autour me dit de faire attention, de ne pas trop m'attacher, qu'il est bien rare que notre premier grand amour soit le dernier… Tant pis. Je profite de chaque seconde avec Lou. Je n'imaginais même pas qu'il était possible d'être aussi bien.

Seule ombre au tableau : ces derniers mois m'ont un peu éloignée d'Olivia, même si nous étions inséparables depuis des années. Je la vois encore à l'occasion, bien sûr, mais ce n'est plus du tout ce que c'était. Elle trouve que j'ai changé. Je pense qu'elle est trop possessive, trop méfiante.

Comme si elle en voulait à Lucas de prendre tant de place dans ma vie. Elle a beau dire que non, je devine qu'elle est un peu jalouse de notre bonheur... On se fréquente à l'école de temps à autre, toutes les deux, mais presque plus en dehors.

— Tu es songeuse, ma belle...

Lucas me ramène sur terre. Je hausse les épaules. Dommage qu'Oli ne puisse pas se réjouir pour moi. Notre amitié était probablement moins solide que je le pensais. Si elle rencontrait l'homme de sa vie, je serais ravie pour elle.

Lucas sort de son sac un pain, du fromage, un plat de crudités, des noix, des raisins... Je m'exclame de joie à chaque nouvel aliment. Quand il a terminé, je me penche vers lui et l'embrasse.

— Wow ! Je suis gâtée.

— Tu le mérites tellement...

Le dîner est parfait. Nous parlons de choses et d'autres, le soleil brille, le ciel est bleu, avec juste quelques légers nuages ici et là... Un instant idéal. Quand nous avons fini de manger, nous nous couchons sur le dos, les yeux levés vers le ciel, et nous nous mettons à inventer des histoires à chaque nuage qui passe.

— Hé, regarde ! Une licorne... Elle s'est perdue. Elle ne trouve plus son pays.

— Juste à côté, il y a un elfe. Oui, c'est clairement un elfe. Il va l'aider...

Nous délirons ainsi un bon moment. Tout est simple, amusant, facile. Après quelques minutes, Lucas se tourne vers moi, la tête appuyée sur sa main.

— Tu sais ce qu'on devrait faire ? On joue au jeu de la vérité !

— Le quoi ?

— Le jeu de la vérité ! Tu ne connais pas ça ? Certains l'appellent aussi le « jeu de la honte ». On joue, des fois, dans des *partys*.

Lucas aime bien fêter. C'est un aspect de lui qui m'agace un peu, mais, en même temps, je ne vais pas demander à un gars de cinquième secondaire de ne pas sortir avec ses amis ! Il a toujours été comme ça, je le savais au départ. Je ne peux pas exiger qu'il change de personnalité pour moi. Pour ma part, je n'aime pas trop les *partys*... J'ai essayé à quelques reprises, mais je m'amuse plus ou moins. Le plus souvent, je le laisse aller seul à ces soirées. Je réponds simplement :

— Non, je n'ai jamais joué.

Lucas m'explique : on se pose une question à tour de rôle et on est obligés de dire la vérité. On ne peut pas l'esquiver, il est interdit de mentir ou d'éviter de répondre. Il faut être honnête, même si c'est un peu honteux. D'où le nom. Ça peut être amusant ! De toute façon, je n'ai rien à cacher à Lucas.

Le jeu commence. Lucas me demande :

— C'est quand la première fois que tu as embrassé un gars ?

Je rougis un peu.

— J'étais en Italie avec mes parents, un été… Un bel étranger ! Un amour de voyage, exotique à souhait, comme dans les romans… Je ne l'ai jamais revu. Toi, ton premier baiser ?

Il grimace.

— Ouch ! Pas mal moins mémorable… Dans une fête, un soir, on jouait à la bouteille et j'ai embrassé une fille qui ne m'intéressait absolument pas. Fin de l'histoire. Rien de magique là-dedans ! À ton tour de trouver une question.

Je cherche un peu et je finis par dire :

— La chose la plus stupide que tu as faite ?

Il n'hésite pas deux secondes et il me raconte, mort de rire :

— Un soir, avec Joannie, on s'amusait à se lancer des défis. Des niaiseries : demander quelque chose à un étranger, arracher des fleurs sur un terrain, etc. Elle allait distraire le commis d'un dépanneur et je devais réussir à sortir deux bières pendant ce temps-là. J'étais tellement stressé !

— Tu… tu les as volées ?

— Oui. Bof, c'étaient juste deux bières… Mais j'étais nerveux comme si je devais organiser un vol de banque ! J'imaginais la police arriver, appeler mes parents… Heureusement, on ne s'est pas fait prendre !

Je fronce les sourcils.

— Belles valeurs…

Il me lance quelques brins d'herbe :

— Hé ! Tu ne voulais pas que je te parle d'un exploit, mais d'une folie !

Il a bien raison. Je suis de mauvaise foi. Pourtant, je ne peux pas m'empêcher de trouver ce souvenir un peu poche… Voler des bières dans un dépanneur, franchement ! Peut-être aussi que ce qui me dérange est que cela se soit passé avec Joannie… Elle est si différente de moi que je me demande parfois ce que Lucas peut bien me trouver. Pour être honnête, avec tout ce qu'il me raconte sur sa *gang* d'amis, je crains qu'il me trouve ennuyeuse.

Lucas veut ensuite savoir le plus gros mensonge que j'ai dit. Je l'interroge sur sa plus grande peur. Il souhaite découvrir mon rêve le plus cher. Je le questionne sur la personne vers qui il se tourne quand quelque chose ne va pas – à part moi !

C'est assez amusant, en effet, ce jeu. Et même touchant, par moments. J'ai l'impression d'être plus proche de lui que jamais, de mieux le connaître encore en partageant tous nos petits secrets.

Nous avons fini de dîner depuis assez longtemps déjà. Sur le terrain de l'école, les tables à pique-nique se vident peu à peu. Lucas jette un œil à sa montre.

— Ça sonne dans sept minutes ! Il va falloir y aller. Comme c'est moi qui ai commencé, tu as droit à une dernière question, Noé.

— Hum… d'accord. Dernière question. J'aimerais… j'aimerais que tu me dises quelque chose que tu n'as jamais osé me dire.

Il hésite. Il baisse les yeux, semble un peu mal à l'aise.

— Eh bien, je… je voudrais…

Il éclate de rire.

— Non, laisse faire. C'est niaiseux. Oublie ça.

J'insiste :

— Tu m'as dit qu'on était obligés de répondre ! Pas le droit d'esquiver la question. C'est le jeu !

Il secoue la tête, embarrassé.

— Je ne peux pas croire que je vais te dire ça ! Ça n'a aucun sens… Ça ne te ressemble vraiment pas…

C'est plus fort que moi, sa remarque me vexe. Ça ressemble à qui, alors ? À Joannie, tellement plus *game* que moi ? À une autre de ses ex, toutes plus de *party* que moi ? Lucas s'assoit en Indien dans l'herbe. Il caresse mon épaule du bout du doigt. Il plonge ses yeux dans les miens et il murmure :

— Je ne dis pas ça pour que tu le fasses, Noé. Juste pour répondre à ta question. J'aimerais ça… Des fois, je voudrais avoir une photo de toi, tu sais, un peu sexy, pas trop habillée, pour que je puisse te regarder quand je le veux. Je te trouve juste trop belle !

Je reste bouche bée. Je ne m'attendais pas du tout à ça. Lucas se lève, je l'imite, il ramasse la serviette de plage et son sac, les jette sur son épaule. Il me lance :

— C'est niaiseux, hein ? Ça y est, je suis super gêné ! Je me sauve ! À tantôt ! Bon après-midi !

Il court vers l'école.

Je reste derrière, un peu interloquée par la confidence. Des mots que mon amie Olivia m'a glissés il y a quelques mois me reviennent en tête : « Je ne te reconnais plus, Noé. Jusqu'où tu vas aller pour lui ? »

J'ai toujours été plutôt gênée, et même assez prude. Évidemment, tous les deux, on se colle, on vit des expériences ensemble, c'est le premier garçon avec qui je vais aussi loin… mais une photo sexy ? Je ne pourrais pas aller jusque-là, en tout cas, même pour Lucas. Ça n'a pas de sens.

Je ne pourrais jamais faire ça, non ?

10.
7 juin – Jour F pour Fin du monde

En mettant le pied dans l'école, je sens immédiatement que quelque chose ne va pas. J'ai l'impression que chaque gars que je croise me regarde d'un air moqueur. Pas seulement ceux de cinquième secondaire, comme moi. Non, des gars de tous les niveaux, qui n'ont aucune raison de me connaître. Les groupes de filles ricanent et chuchotent à mon passage. Y a-t-il quelque chose qui ne va pas dans ma tenue ? Suis-je habillée de façon trop voyante ? Je jette un œil à mon jean noir et à mon banal t-shirt gris. Non, rien à voir avec mon habillement. Que se passe-t-il, alors ?

Malorie et Joannie me frôlent. La plus grande des deux, Malorie, blonde, impeccable, toujours maquillée et manucurée avec soin, murmure tout contre moi : « *Bitch* », avant de poursuivre sa route, comme si de rien n'était.

Enfin, j'aperçois un visage familier. Ma meilleure amie, Olivia, vient vers moi. Loin de me rassurer, son visage défait m'inquiète encore plus. Elle m'attrape par le bras, m'entraîne vers les cases en vitesse.

— Noémie, qu'est-ce qui t'a pris ?

Je ne sais pas du tout de quoi elle parle. Je n'ai rien fait. Olivia insiste :

— Tu n'as pas vu la page Spotted de l'école ?

Non. Je n'ai rien vu. Je ne comprends pas. Qu'est-ce qui se passe ? Qu'est-ce que j'ai bien pu faire pour avoir l'impression que l'école au complet me juge ce matin ?

Oli soupire.

— Suis-moi, on va trouver un coin plus tranquille.

Elle m'emmène jusqu'au fond de la cafétéria. La plupart des élèves ont déjà quitté l'endroit, la cloche va sonner bientôt. Je ne peux m'empêcher de le rappeler à Oli.

— On ne risque pas d'être en retard ?

Elle se contente de répondre :

— Pas grave.

Je comprends immédiatement que ce qu'elle veut me dire est important. Ce n'est pas du tout son style d'arriver en retard pour rien à un cours. Je sens la panique monter, prendre peu à peu toute la place.

On s'assoit à une table. Oli semble embarrassée, comme si elle ne savait plus par où commencer. Elle dit d'un air très las :

— Qu'est-ce que tu as fait là, Noé ?... Ce n'est tellement pas ton genre.

J'ai mal au ventre. Je ne suis vraiment pas bien. Je m'impatiente.

— Mais arrête, Oli ! Parle ! Dis-moi ce qu'il y a ! Je ne sais pas du tout ce qui arrive ! De quoi tu parles ?

Mon amie m'explique :

— Ce matin, sur la page Spotted de l'école, il y avait une photo.

Mon cœur se serre... Non, ce ne peut quand même pas être... Ce n'est pas possible ! J'ai presque du mal à respirer. Je balbutie :

— Une... une photo ? De quoi ? Quelle photo ?

Oli garde les yeux baissés. Comme si elle n'osait pas me regarder. Elle continue :

— Une photo de toi, Noémie. Je l'ai *screenshotée* pour avoir une preuve, pour te la montrer. La photo n'est plus là, elle a été retirée un peu après. Mais j'imagine que je ne suis pas la seule à l'avoir encore sur son cell. Je te laisse deviner les commentaires et les partages faits avant qu'elle soit enlevée.

Tout s'explique : les regards méprisants, les rires, les chuchotements sur mon passage… J'ai trop peur de ce que je vais voir, mais je garde le fol espoir que je me trompe complètement. Qu'il s'agit seulement d'une photo peu avantageuse de moi, sur laquelle je ne suis pas très bonne, ou même sur laquelle je suis ridicule. Ça ne me dérangerait pas du tout. Je me surprends soudain à prier pour que ce soit ça. Que je sois très laide sur une photo et qu'on se moque de moi. Pas grave.

Mais tous mes espoirs s'effondrent vite. Oli tend son cellulaire vers moi, le visage fermé, totalement découragée.

Je baisse les yeux sur l'écran. À cette seconde précise, je sais que plus rien ne sera jamais pareil. Je comprends que ma vie vient de basculer. Que j'ai fait une erreur qui ne pardonne pas.

Sur l'écran, il y a une photo de moi que je connais très bien. Je l'ai prise moi-même, lundi, dans ma chambre. Je ne porte pas de chandail. Je souris d'un air coquin, un bras placé plus ou moins devant ma poitrine pour dissimuler un peu mes seins. Mais on les voit quand même, bien sûr. Puisque c'est une photo destinée à mon amoureux. Une photo sexy. Au bas, il est écrit en lettres blanches : *Bonne fête, mon Lou.*

Oli dit d'une voix un peu plus rauque que de coutume, une voix presque suppliante :

— Dis-moi que c'est un montage, Noé. Que quelqu'un qui t'en veut t'a fait une farce plate.

Elle lève les yeux, me lance un regard implorant.

J'ai l'impression que tout s'écroule. Ma gorge est si serrée que c'en est presque douloureux quand je finis par souffler :

— Non, Oli. Non, ce n'est pas un montage. C'est bien moi.

11.
Trois jours plus tôt – 4 juin

C'est l'anniversaire de Lucas ! Quel dommage que ça ne tombe pas une fin de semaine, mais un lundi… J'aurais eu envie de lui organiser une journée spéciale, inoubliable, mais on devra se reprendre l'an prochain. Au programme aujourd'hui, il y a eu des cours, des cours et encore des cours ! Les examens de fin d'année approchent, il faut se préparer. Ce midi, je n'ai pas vu Lucas, j'avais de l'impro, et ce soir, c'était à son tour d'être occupé. Il a rejoint le club de course à la fin de sa saison de basket et il avait un entraînement. Je l'ai à peine croisé dans la journée. On repassera pour un anniversaire mémorable !

J'ai quand même souligné son anniversaire hier. J'ai invité Lucas au restaurant pour souper et je lui ai offert un coffret de son groupe préféré, comprenant deux vinyles. Il était fou de joie, il adore ce qui est *vintage*. Il a aussi eu droit à un petit gâteau au dîner aujourd'hui, que j'ai été lui livrer en vitesse à la cafétéria une fois mon atelier d'improvisation terminé.

La journée est presque finie. Lucas est toujours si prévenant, plein de charmantes attentions… J'aimerais vraiment faire plus pour souligner son anniversaire. À part lui envoyer un dernier texto du style « Bonne fête, bonne nuit », je ne vois pas trop ce que je pourrais ajouter.

Je m'apprête à lui écrire quand une idée m'effleure l'esprit. Je repense au jeu de la vérité, auquel nous avons joué, Lucas et moi, lors d'un pique-nique il y a environ deux semaines. Quand je lui ai demandé de me confier quelque chose qu'il n'avait jamais osé me dire, Lucas a répondu : « Des fois, je voudrais avoir une photo de toi, tu sais, un peu sexy, pas trop habillée, pour que je puisse te regarder quand je le veux. Je te trouve juste trop belle ! »

J'ai été flattée de son commentaire, mais un peu choquée qu'il ait pu penser à ça… En même temps, plus j'y songe, plus je me dis qu'il doit vraiment y tenir pour oser m'en parler, et qu'il me fait aussi totalement confiance pour se livrer ainsi. Et si j'osais ?…

Ridicule. Franchement ! Je me dispute moi-même : j'ai du mal à prendre une photo ordinaire… Jamais je ne pourrais faire de photo sexy. Tellement pas mon genre ! J'écarte l'idée rapidement.

Je cherche autre chose, mais cette pensée revient sans cesse. Je suis certaine que Lucas serait content, c'est lui qui l'a suggéré, après tout. Et comme il a précisé que ça ne me ressemblait pas, l'effet de surprise serait total. Il ne peut pas s'attendre à ça…

Voyons ! Je ne suis pas sérieusement en train de songer à lui envoyer une photo de ce genre ? Je n'ose même pas porter des chandails trop décolletés ou des jupes trop courtes, alors ça… Je ne suis pas du tout le type de fille qui aime se montrer, mettre son corps en évidence.

En même temps, c'est différent. Personne d'autre que Lucas ne verrait cette photo. Ce serait notre secret, à lui et à moi. Un peu de complicité de plus entre nous. Pas question de m'exhiber devant plein de monde, seulement Lucas. Il m'a confié qu'il aimerait ça, je lui ferais confiance en retour…

J'ai déjà entendu des récits effroyables, évidemment. Ma mère s'est souvent fait un plaisir de me raconter que dans tel centre jeunesse où elle travaille, une fille a envoyé des photos de ce style-là à son *chum*, qui s'est dépêché de les transférer à ses amis, qui ont maintenant tous ces photos sur leur cell… Je ne sais même pas si c'est vraiment déjà arrivé ou si ma mère veut juste m'effrayer. Les journaux ont aussi rapporté des histoires d'horreur, comme celles de filles qui ont transmis des photos d'elles nues, photos qui circulent à présent dans différents groupes de gars qui les échangent comme ils échangeaient des cartes de hockey quand ils étaient plus jeunes… Une chose est sûre : tout ça n'a rien à voir avec notre histoire, à Lucas et à moi. J'ai confiance en lui. Jamais il ne pourrait me faire un tel coup. J'en suis sûre. Lui et moi, c'est sérieux.

J'hésite encore un long moment, j'argumente avec moi-même. Tantôt je trouve l'idée complètement ridicule, tantôt je me dis qu'il n'y a décidément aucune meilleure façon de finir en beauté la journée de Lucas…

C'est absurde. Ça ne me ressemble pas. Mais il en serait si heureux…

Une petite voix en moi me chuchote qu'il n'y a pas que Joannie et les filles de sa *gang* qui sont capables de faire des gestes un peu fous. Lucas semble toujours admirer les gens qui osent, qui défoncent les barrières. Il me taquine souvent en me traitant de petite fille sage. J'ai un peu envie de lui prouver que je ne le suis peut-être pas autant qu'il le pense…

Ma décision est prise. La prochaine fois que je jouerai au jeu de la vérité avec quelqu'un, s'il me demande quelle est la plus grande folie que j'aie faite, je pourrai répondre : « Prendre une photo sexy pour mon amoureux. »

Je place une chaise devant ma porte pour être certaine qu'un de mes parents n'entrera pas à l'improviste. Je me regarde dans le miroir. Je recoiffe mes cheveux, je mets un peu de brillant à lèvres. Puis je retire mon t-shirt. Je le dépose sur mon lit. J'enlève ensuite mon soutien-gorge. Je suis nerveuse. J'attrape mon téléphone. Je tremble un peu.

C'est complètement fou… Je suis seule dans ma chambre et, pourtant, je suis mal à l'aise d'être à demi nue ainsi. J'hésite encore. Je me répète : « Pense à Lucas… » Je tends mon cell au bout de mon bras. Ça n'a aucun sens… Je n'y arrive pas. Et si je plaçais un bras devant mes seins ? Ce serait moins gênant, non ?

Je prends quelques photos rapidement et je me dépêche d'enfiler mon t-shirt. Ouf ! j'ai l'impression de me remettre à respirer ! J'attends un peu, je tourne en rond dans ma chambre, je suis affreusement gênée. Je finis par m'asseoir sur mon lit et par jeter un œil sur les photos. Je les fais défiler en vitesse. Je suis trop sérieuse sur celle-là, trop gênée, je ne regarde pas, je fronce les sourcils… Tiens, sur celle-ci, je souris. Elle me semble un peu meilleure. Je me dépêche de supprimer toutes les autres photographies. Je bricole un petit montage rapide, en ajoutant au bas de la photo des lettres blanches.

C'est prêt. Il n'est pas trop tard. Je peux encore changer d'idée. Quelle folie ! Jamais, de ma vie, je n'aurais pensé faire une telle chose… J'aurais probablement même jugé une fille qui le ferait. Mais la situation est différente. C'est pour Lucas. Ce n'est pas un coup de tête. Nous deux, c'est pour longtemps. Peut-être pour toujours. Je l'aime et je sais qu'il m'aime autant. Il me le répète sans cesse.

Est-ce que j'ose ? Ou j'arrête tout ? Personne n'a vu la photo. Si je la supprime maintenant, nul n'en saura jamais rien.

Je murmure :

— Allez, un peu de courage ! Ce n'est pas la fin du monde ! Juste un cadeau pour Lucas. Un cadeau bien spécial, et ça restera entre nous deux.

Je sélectionne Lucas sur Messenger. J'écris en lettres majuscules : *TOP SECRET*. Je télécharge la photo. Je prends une grande inspiration. D'un doigt tremblotant, j'appuie sur la touche Envoyer.

Voilà. Ce n'était pas si difficile. Deux petites secondes pour envoyer le tout, et Lucas vient de recevoir une photo de moi. Je ne porte pas de chandail. Je souris d'un air coquin, un bras plus ou moins placé devant ma poitrine pour tenter de dissimuler mes seins, qu'on voit tout de même très bien. Au bas de la photo, il est écrit en lettres blanches : *Bonne fête, mon Lou*.

12.

Deux jours plus tôt – 5 juin

C'était la pire idée du monde. Je veux mourir de honte. Je n'aurais jamais dû…

Hier soir, après avoir beaucoup hésité, j'ai envoyé la photo prise dans ma chambre à Lucas. J'ai attendu. Je pensais bien recevoir un message dès qu'il verrait ma « surprise », peut-être même un appel, mais non, rien. Silence complet. Je croyais qu'il allait exploser de joie, me dire une fois de plus son amour, non. Rien de rien.

Les minutes qui ont suivi semblaient interminables. Une véritable torture. Je n'osais pas aller me coucher – je ne m'endormais vraiment pas, de toute façon. J'étais bien trop stressée. Alors j'ai patienté. Je priais pour que Lucas écrive. Mon téléphone restait désespérément muet. J'ai attendu quinze minutes. Une demi-heure. Une heure. Toujours aucune réponse de Lucas.

Je regardais mon téléphone sans arrêt. Un petit rond indiquait que mon message avait bien été envoyé, mais rien ne montrait qu'il avait été lu. Comment Lucas peut-il recevoir un message de moi indiquant « *top secret* » et ne même pas daigner l'ouvrir ? S'il m'écrivait ça, je lirais son courriel à la seconde même. Ou alors il y a eu un bogue, Lucas a bien ouvert mon message… et mon cell ne me l'indique simplement pas. Ce serait pire. Comment ne pas réagir à une telle photo ?

Je n'ai pas osé lui réécrire. À lui de se manifester, il me semble. Quand j'ai fini par me mettre au lit, il était plus de minuit et demi. Je n'arrivais pas à croire que Lucas ne regarde pas ma photo ! Qu'il ne réponde rien ! Ce n'est quand même pas banal, comme envoi. Ça mérite une réaction, non ? Qui pourrait recevoir une telle photo et ne rien dire ?

J'ai très mal dormi toute la nuit. Je me tournais d'un côté et de l'autre. Je regardais mon cellulaire toutes les deux minutes pour m'assurer de ne pas avoir manqué la réponse de Lucas. Les heures passaient, mais rien ne prouvait qu'il avait vu mon message. Je me posais mille questions… Est-ce possible de lire un message sans que l'expéditeur sache qu'on en a pris connaissance ? Est-ce le cas ici ? Si oui, pourquoi Lucas ne réagit-il pas ? J'imaginais mon amoureux furieux de recevoir la photo. Ou pire encore : amusé, mort de rire. Ou peut-être même dégoûté, se demandant qui est réellement cette fille avec qui il sort.

Toute la nuit, j'ai inventé une tonne de scénarios, sans trop savoir si j'avais hâte au matin ou si au contraire je préférais qu'il n'arrive jamais.

Et voilà, on y est. Je me pointe à l'école tôt. Une fois n'est pas coutume ! Je n'ai pas eu besoin du *snooze* ce matin, je n'ai pratiquement pas fermé l'œil de la nuit. Je m'installe sur un banc près de l'entrée. Je tiens un livre, mais je suis bien incapable de déchiffrer un mot. Je ne fais que surveiller la porte pour ne pas rater Lucas.

Sera-t-il en colère ? Indifférent ? Et si j'avais fait une bêtise ? Et s'il ne voulait plus rien savoir de moi, maintenant ?... Est-ce que j'ai tout gâché ?

Chaque minute qui passe est une torture. Enfin, Lucas pousse la porte, les traits fatigués. Il ne semble pas avoir mieux dormi que moi. Pour les mêmes raisons ? Par ma faute ? À cause de cette stupide photo ? Je me lève et m'approche de lui. Il me salue, m'embrasse distraitement. Je cherche comment aborder le sujet. Lui demander simplement « As-tu reçu mon message ? » et voir sa réaction ?

Il ne m'en laisse pas le temps. Sitôt entré, il me dit :

— Veux-tu m'attendre ici, Noémie ? Je reviens tout de suite.

Et il part en vitesse dans le corridor, sans rien ajouter. Je suis mortifiée. Moi qui pensais lui offrir un cadeau incroyable… Qu'est-ce qui peut bien tant presser ce matin pour qu'il ne dise pas un mot sur le sujet ? Est-ce juste un prétexte pour s'éloigner, pour ne pas me parler ? Je suis morte de honte.

Après quelques minutes seulement, Lucas revient. Cette fois, un large sourire éclaire son visage.

— Ouf, je suis soulagé !

— Soulagé de quoi ?

Il m'explique :

— Hier soir, après le match, on est allés chez Phil. Les gars de l'équipe voulaient souligner ma fête. On a veillé tard et, quand je suis rentré chez moi, je me suis rendu compte que je n'avais pas mon téléphone.

Comment fait-il pour parler de choses et d'autres comme si tout était normal ? Comment peut-il s'inquiéter pour son téléphone à un moment pareil ? Pour être honnête, pour ma part, je n'en ai rien à faire. J'ai surtout hâte d'aborder le sujet qui me préoccupe, la photo, mais je m'efforce de m'intéresser à son histoire.

— Tu avais laissé ton cell chez Phil ?

— Non, pas mal pire : je l'ai oublié dans une case, dans le vestiaire, sur la tablette du haut. On est partis vite après le match, et mon téléphone est resté là. Imagine ! J'étais sûr de ne jamais le revoir.

Il sourit, rayonnant.

— Mais non, il était là, dans la case, à la même place ! Ouf ! j'ai une bonne étoile !

Je mets du temps à comprendre parce que je suis trop stressée par la réaction – ou l'absence de réaction – de Lucas quant à la photo, mais, soudain, la lumière se fait. Je saisis mieux pourquoi rien n'indiquait que mon envoi avait été vu.

— Ça veut dire que tu n'as pas pris tes messages depuis hier, c'est ça ?

Il acquiesce distraitement.

— Hum, hum. Je suis rentré super tard cette nuit, et je suis parti de la maison dès que je me suis levé, ce matin. J'étais nerveux à cause de mon téléphone. Je n'ai pas lu mes messages, je n'ai même pas déjeuné !

Il semble tout à coup remarquer que ma question est assez inhabituelle.

— Pourquoi tu me demandes ça, Noé ? Avais-tu essayé de me joindre ?

Il allume son téléphone. Je ne peux m'empêcher de paniquer un peu.

— Non, non ! Pas ici ! Tu regarderas ça chez toi. Plus tard. Quand tu seras tout seul.

Lucas rigole.

— Pas question ! Je suis bien trop intrigué. Je veux voir ça tout de suite ! Pourquoi tu ne veux pas que je consulte mes messages ?

J'essaie d'attraper son cell, mais il le lève à bout de bras. Comme Lucas est beaucoup plus grand que moi, impossible que j'atteigne son téléphone.

— Arrête, mon Lou. Pas ici. S'il te plaît.

Il ne semble pas remarquer que mon attitude suppliante est sérieuse. Il continue de s'amuser :

— Tiens, tiens ! J'ai un message de ma blonde.

Il clique sur l'écran pour ouvrir le message.

— Oh ! C'est écrit *TOP SECRET* ! Veux-tu bien me dire ce que c'est ?

Son visage change aussitôt. J'y lis quelque chose qui ressemble presque à de la panique. Il redescend le bras en vitesse, appuie le cellulaire contre sa poitrine, comme pour être certain que personne ne puisse voir l'écran. Il balbutie :

— Mais… mais… Noé… c'est…

Les yeux baissés, je grommelle :

— C'était ton dernier cadeau d'anniversaire. Tu m'avais dit que tu aimerais ça...

J'ai presque envie de pleurer. Ma voix tremble un peu. Je garde mon regard fixé au sol. Lucas chuchote :

— C'était une blague ! Je ne te demandais pas de...

Je tente vaillamment de retenir mes larmes.

— Je sais... C'était niaiseux, hein ? J'aurais jamais dû faire ça, mon Lou. Désolée. Efface-la tout de suite. Je regrette tellement...

Lucas m'oblige à relever la tête en prenant délicatement mon menton dans sa main.

— Hé ! Hé ! on se calme ! C'est pas niaiseux, voyons ! Je suis juste un peu surpris.

Ses lèvres se posent sur les miennes très, très doucement. Il me chuchote à l'oreille :

— Je ne m'attendais pas du tout à ça ! Encore moins à découvrir ta photo ici, en plein corridor, à l'école !

Je laisse échapper un petit rire nerveux.

— Ça, ce n'était pas prévu... Je voulais... je voulais juste te faire plaisir. Souligner ton anniversaire de façon un peu spéciale.

Il plonge ses yeux dans les miens. Il est si beau, je pourrais m'y perdre. Il prend un air plus sérieux et déclare :

— C'est réussi. Ça me fait vraiment plaisir, Noémie. Merci.

Il me serre bien fort contre lui.

Je suis rassurée. Je me remets à respirer. L'idée n'était pas si mauvaise, finalement.

13.

11 juin – Quatre jours après le jour H pour Honte

J'ai l'impression de revenir un peu à la vie. Après avoir écrit à Oli, j'ai pris une douche. Je me suis coiffée pour la première fois en quatre jours. J'ai même pu manger. Pas grand-chose, mais c'est déjà mieux que rien du tout. Savoir que je verrai mon amie me fait le plus grand bien. À part mes parents, c'est la première personne à qui je parlerai depuis cette fameuse journée…

L'école finit dans quelques minutes, et j'ai proposé à Olivia, par texto, de passer après les cours. Je décide de m'asseoir dehors, sur la terrasse, pour attendre la visite d'Oli. Je m'installe à la table, un verre de jus d'orange à portée de main, l'ordinateur portable devant moi. Il fait encore un temps superbe. L'été semble bel et bien là. Le soleil brille, un vent un peu frais caresse mes joues. Je tends mon visage vers les rayons. Je ferme les yeux. Je prends une grande inspiration.

C'était une bonne décision d'inviter Olivia. Et de sortir de ma chambre, petite pièce sombre aux rideaux tirés depuis des jours. Je ne vois toujours pas de solution à la situation, mais je me sens un peu mieux. Je ne sais pas encore ce que je vais faire, mais il faut bien continuer. Pas d'autre choix que de vivre avec ce geste. Je donnerais n'importe quoi pour revenir en arrière et effacer les deux secondes où j'ai envoyé cette photo. Mais ce n'est pas possible, malheureusement.

Décidée, j'allume le portable. Tout à l'heure, avant d'écrire à Oli, j'ai regardé ma page Facebook pour la première fois depuis jeudi dernier. J'avais un nombre ahurissant de messages. Des gens qui se moquent de moi, de la photo. Des étrangers, des inconnus qui m'ont vue presque nue et qui m'envoient des demandes d'amitié. Il y a sûrement aussi quelques amis qui m'ont écrit des mots encourageants. Tous ne peuvent pas me détester, quand même…

Je n'ai aucune envie de lire tout ça. Ni aujourd'hui, ni plus tard. Je désactive mon compte Facebook sans jeter un regard de plus aux messages contenus dans la boîte. Fini. Terminé. On repart à neuf. Cette page n'existe plus. Ça ne règle pas tout, mais j'ai l'impression d'agir.

Je fais pareil pour Instagram. Comme si je tentais d'effacer toute trace de moi du Net. De gommer mon existence virtuelle petit à petit. Il est trop tard, je sais bien, et ça ne sert plus à rien. Mais j'ai au moins le sentiment de reprendre vie, de faire un geste concret, d'être de retour dans l'action au lieu de me morfondre sous mes couvertures.

Un toussotement attire soudain mon attention et me fait lever la tête de l'écran. Oli est au bas des marches menant à la terrasse, un petit sourire embarrassé sur les lèvres, comme si elle ne savait pas bien comment se comporter. J'essaie de mon mieux de lui rendre son sourire. Ça doit plutôt ressembler à une grimace. Je me mords les lèvres pour tenter de retenir les sanglots.

Oli grimpe les marches en vitesse.

— Oh, Noé !

Elle m'enlace, me serre contre elle très, très fort. Une fois de plus, je fonds en larmes. Je n'ai fait que ça ces derniers jours. Je suis fatiguée. Si fatiguée… Mon amie caresse mes cheveux d'une main apaisante.

— Chuuut, ça va aller. Je suis là. Chuuut…

Malgré les petites mésententes des derniers mois, malgré le fait que je l'ai négligée à cause de Lucas, Oli est là. Elle a toujours été là pour moi.

Je pleure un long moment dans les bras de ma meilleure amie. Quand je réussis enfin à me calmer, Oli me dit aussitôt :

— Tu aurais dû m'appeler ou me laisser venir avant, Noé. Ça n'a pas de sens que tu traverses ça toute seule…

— Je n'étais pas capable. Je ne voulais voir personne.

— Je comprends. Mais je veux tellement t'aider. Tu ne peux pas savoir comment je m'en fais pour toi. Et… je ne suis pas la seule. Tes parents sont super inquiets.

Je m'en doute bien. J'aurais dû y penser : ma mère et Oli s'apprécient beaucoup, c'est sûr qu'elle a demandé à mon amie ce qui se passait…

— Ma mère t'a appelée ?

Oli fait oui de la tête.

— Tu lui as raconté ce qui est arrivé ?

Elle fait signe que non. Je pousse un soupir. Oli déclare :

— C'est mieux que ça vienne de toi. Mais je pense que tu devrais tout leur dire, Noé… Il faut qu'ils comprennent la situation.

Devant mon air affolé, elle pose sa main sur la mienne et ajoute calmement :

— Tu ne pourras pas te cacher toute ta vie, Noé. Oui, tes parents vont peut-être capoter. Sûrement, même. Mais ça ne peut pas être pire pour eux que de te voir dans cet état et de s'imaginer quelque chose d'encore plus terrible. Ta mère m'a demandé si tu consommais de la drogue ! Elle a même lancé l'idée que tu étais enceinte.

J'esquisse un sourire piteux. Mes pauvres parents… Ils ont leurs défauts, comme tout le monde, mais ils sont là pour moi, eux aussi. Tout le temps. Ils ne méritent vraiment pas ce que je vais leur faire vivre quand ils vont apprendre ce qui s'est passé. Mais je ne peux pas m'empêcher de penser qu'Olivia a raison. Ça ne peut plus continuer ainsi. Ce sera plus facile de tout avouer. Ils finiront bien par le savoir, de toute façon : toute l'école en parle, le quartier entier doit être au courant. S'il fallait qu'ils prennent connaissance de cette histoire par quelqu'un d'autre que moi…

Discuter avec Oli me fait le plus grand bien. Elle sait tout, je n'ai pas besoin de jouer un rôle, de tout dissimuler. Pas besoin de me stresser en craignant de laisser échapper une parole qui dévoilerait la vérité… Elle est là, devant moi, la même Oli qu'avant, qui ne semble pas me juger. C'est réconfortant. Elle a raison, je vais tout dire à mes parents. J'ai commis une erreur terrible, c'est ma faute, entièrement ma faute, et je dois l'assumer.

Soudain, tandis que je suis assise au soleil en compagnie de mon amie, tout me paraît moins grave. Je passerai peut-être à travers, après tout. Je ne dis pas que ce sera facile, mais, pour la première fois depuis quatre jours, j'ose croire que je parviendrai à me bâtir une nouvelle vie et tout ça sera derrière moi.

Oli me demande :

— Tu viens à l'école demain ?

Je réponds aussitôt :

— Non, pas question. Je n'y remettrai plus les pieds. C'est fini.

— Noémie… ça n'a pas de sens ! On a terminé. Il reste juste les examens. Cinq ans à étudier, à travailler fort, tu ne vas pas tout laisser tomber à dix jours de la fin ? Qu'est-ce que tu vas faire ? Renoncer à ton diplôme du secondaire ? Et puis le bal s'en vient…

Je prends une grande inspiration. Les larmes me montent une fois de plus aux yeux. J'essaie de me maîtriser, de garder le calme fragile que j'ai réussi à m'imposer.

— Je pense que je pourrais avoir mon diplôme quand même si je saute les examens, mais avec de moins bonnes notes. Quitte à suivre des cours d'été. Pas grave. Je ne veux plus jamais croiser ce monde-là, Oli. Je vais demander à mes parents de déménager. Je vais me faire oublier. Pour le moment, je n'oserais même pas aller marcher dans les rues du quartier.

Oli se penche vers moi, le regard grave.

— Noé, c'est vraiment poche, ce qui est arrivé. Je sais. Je peux à peine imaginer comment tu dois te sentir en pensant à tous ceux qui ont vu la photo. Mais tu n'as tué personne. Tu n'as blessé personne. Tu as fait une grosse erreur. Une seule en cinq ans dans cette école. Penses-tu qu'on peut juger toute la vie de quelqu'un sur une seule erreur ? Penses-tu que personne d'autre, dans notre école, n'a fait de gaffe ?

Ça semble si sensé, si raisonnable. J'ai presque envie de la croire. Serait-ce possible que je termine mon année, après tout ? Mais une réalité me saute soudain aux yeux.

— Oublie ça… De toute façon, je ne peux pas y retourner. Je ne vais pas risquer de le croiser dans les corridors de l'école. Je ne veux plus le voir. De toute ma vie.

Je n'arrive même pas à prononcer son nom. C'est trop douloureux. Juste de dire son prénom m'écorcherait les lèvres. Oli comprend tout de suite. Elle murmure :

— Lucas ?

J'acquiesce de la tête. Elle demande doucement :

— Tu penses que c'est lui qui a fait ça ?

J'éclate d'un petit rire amer, qui sonne faux.

— Il n'y a pas beaucoup d'autres possibilités… Je te jure que je n'ai envoyé la photo à personne d'autre.

Mon amie semble réfléchir profondément.

— Quoi ? Qu'est-ce qu'il y a, Oli ? Ça ne doit pas trop t'étonner… Toi-même, tu m'as mise en garde contre lui je ne sais pas combien de fois.

— Je sais, Noé, je sais… Mais j'ai des doutes… Tu devrais le voir. Il est complètement démoli, lui aussi. Il a l'air d'un zombie. Il vient à l'école, mais il mange tout seul dehors, il ne parle à personne… Je ne suis pas sûre que ce soit lui. Il ne ressemble vraiment pas à un gars qui aurait fait un mauvais coup et qui en serait fier.

Je m'impatiente.

— Qui veux-tu que ce soit ? Il est abattu parce qu'il regrette ce qu'il a fait, peut-être. Il a dû transférer la photo à ses *chums* en se pensant *cool*, et ça s'est retourné contre lui. Il n'avait pas imaginé l'histoire que ça ferait. Je ne dis pas qu'il l'a envoyée lui-même sur la page Spotted, mais une chose est certaine, c'est sa faute si quelqu'un a pu la mettre là. Il n'y a que lui et moi qui avions cette photo.

Oli continue d'être plongée dans ses pensées.

— Et si… Attends. Tu as pris la photo avec ton cell, Noé ?

Je réponds d'une petite voix honteuse :

— Oui.

— À quel moment ?

— Lundi dernier. Pour l'anniversaire de… Pour son anniversaire.

Je me revois, la porte fermée, dans ma chambre, l'appareil au bout de mon bras. J'ai tellement honte…

— Tu lui as envoyé la photo par Messenger ?

— Oui.

— OK. Donc ta photo était sur ton cell à toi et sur son Messenger à lui. Personne d'autre n'aurait pu avoir accès à ça, d'après toi ?

Je reste un instant le souffle coupé. J'ai passé tous ces derniers jours à détester Lucas. À lui en vouloir à mort. À me sentir terriblement trahie. J'avais l'impression de m'être fait avoir. Comme s'il s'était joué de moi, qu'il avait pris tout son temps pour que je sois follement amoureuse de lui et prête à n'importe quoi, et qu'il en avait profité ensuite pour m'anéantir. Me démolir. Tout saccager.

Mais est-ce bien la situation ? Nous sommes ensemble depuis l'automne, il n'a tout de même pas pu jouer la comédie tout ce temps ? A-t-il pu faire semblant des mois et des mois ?

Je suis bouleversée. Une partie de moi demeure méfiante et n'ose pas trop y croire. L'autre a envie de sauter de joie : et si ce n'était pas Lucas ?

Mais si ce n'est pas lui, qui alors ?

Qui aurait pu avoir accès à cette photo ?

Et qui aurait eu intérêt à la rendre publique ?

14.
Un mois plus tôt – 5 mai

Lucas joue régulièrement au basket. Il est l'un des bons joueurs de l'équipe. Je ne vais pas toujours voir ses parties, d'abord parce que j'ai souvent de l'impro, ou parce que je dois étudier, ou encore faire des sorties avec ma famille, mais surtout parce que tous les gars de sa *gang* jouent avec lui : Nathan, Phil, Manuel, etc. Du coup, toutes les filles de leur groupe vont très souvent les voir jouer, chaque partie devient une activité sociale, et je ne suis jamais parfaitement à l'aise avec sa *gang*. Pas seulement parce que Joannie est son ex. Surtout parce qu'ils sont « tissés serré », comme dirait mon père. Ils se tiennent ensemble depuis des années, ils ont plein d'*insides* desquelles je me sens exclue, ils passent leur temps à évoquer des souvenirs communs qui ne me concernent pas.

Aucun des amis de Lucas n'est désagréable avec moi, mais je ne sens pas non plus qu'ils font de grands efforts pour m'intégrer. Je pense que je les laisse indifférents. Qu'ils me trouvent un peu ennuyeuse, même.

Aujourd'hui, samedi, Lucas m'a invitée à aller le voir jouer. Il a un tournoi à notre école, le dernier de la saison, et il aura des matchs toute la fin de semaine. On risque fort de ne pas se voir du tout si je ne m'y rends pas. C'est à quelques rues de chez moi, je n'ai rien de prévu de la journée, Lucas m'a dit que ça lui ferait plaisir... Bref, je n'ai aucune raison valable de refuser.

La première partie est en cours. Je suis là depuis le début du match. Il y avait peu de spectateurs, si tôt un samedi matin. Je me suis assise dans les gradins, seule dans la deuxième rangée. Malorie, Joannie et Lee-Anne sont arrivées un peu plus tard. Elles m'ont saluée d'un signe de tête, mais se sont assises deux rangs derrière. Comme je le disais, aucun effort pour que je sente que je fais partie du groupe. Elles pensent peut-être que Lucas et moi, c'est temporaire, que je ne suis que de passage dans leur *gang*. Si c'est le cas, elles se trompent. C'est sérieux, entre nous deux. Lucas a même évoqué le fait qu'on habiterait ensemble après le cégep. Ça fait rêver...

La partie se termine. Victoire de notre équipe 28-23. Les gars sont tout heureux. Leurs amies sautent sur le terrain et les félicitent. J'attends sagement à l'écart. Lucas se dirige vers moi.

— On rejoue à treize heures trente. Tout le monde va dîner au Petit Café, à côté. Ça te tente ?

Pas vraiment, non. Pas du tout, même. Je préférerais manger seule avec mon amoureux, avoir des discussions qui risquent de m'intéresser le moindrement, ne pas me sentir jugée pendant tout le dîner, pas à la hauteur, pas assez *cool* ou simplement dénuée d'intérêt. Mais de quoi j'aurais l'air si je le lui disais ? Et que penseraient Nathan, Phil et Lee-Anne, qui nous ont rejoints sur le terrain et qui attendent ma réponse ? Je lui adresse un petit sourire.

— Bien sûr !

Joannie passe à côté de nous. Elle ébouriffe les cheveux de Lucas.

— Hé, bravo, champion ! Beau match ! Tu nous retrouves au café ?

Je retiens une grimace. Elle a dit « Tu », pas « Vous ». Elle ne me regarde même pas. Lucas ne semble pas le remarquer. Il répond joyeusement :

— On arrive ! Le temps de me changer.

Il me propose :

— Tu peux y aller tout de suite avec elle.

— Non, merci, c'est beau, j'aime autant t'attendre.

Le dîner se déroule plutôt bien. Les gars discutent de la partie, de leurs bons et mauvais coups, des équipes qu'ils risquent d'affronter plus tard. Je me fais discrète, mais le repas est délicieux et Lucas me prend régulièrement par les épaules, me caresse le genou sous la table, se penche pour m'embrasser sur la tempe. J'ai bien fait de venir, il semble content.

Tout à coup, Nathan dit :

— Oh, zut ! Il fallait que j'appelle mes parents pour leur dire l'heure du match de cet après-midi. J'ai oublié mon cell à l'école. Il est resté dans ma case. Tu me prêtes le tien, Lucas ?

Nathan est à l'autre bout de la table. Lucas prend son téléphone et le fait glisser sur la nappe jusqu'à lui. Lucas demande :

— Tu connais mon code ?

Autour de la table, tout le monde éclate de rire. Sauf moi. Je ne comprends pas leur réaction. J'ai dû laisser paraître ma perplexité, parce que Phil, assis à côté de moi, m'explique :

— C'est une vraie farce, le code de Lucas ! Le secret le moins bien gardé du monde ! On le connaît tous. Lucas a le même depuis toujours.

Joannie, assise entre Nathan et Manuel, à l'autre extrémité de la table, crie d'une voix aiguë :

— C'est encore 0209, ton code, Lucas? C'est bien ça?

Je n'en reviens pas. Elle a crié son code en plein café! Et personne ne paraît s'en formaliser. Au contraire, ils sont tous morts de rire. Même Lucas. Je serais assez fâchée qu'une amie me fasse ça...

Une fois le dîner terminé, nous sommes les derniers à payer nos additions, Lucas et moi. Les autres sont déjà en chemin vers le gymnase. Je ne peux m'empêcher d'interroger Lucas:

— C'est quoi l'affaire avec ton code, mon Lou? Pourquoi ils le connaissent tous?

Lucas hausse les épaules, désinvolte.

— Ce n'est pas bien grave. Je n'ai pas grand-chose à cacher.

J'insiste.

— Quand même... Ça veut dire que n'importe qui peut s'en servir. Ils peuvent faire ce qu'ils veulent sur ton cell.

Lucas est agacé.

— Tout le monde s'en sert, oui. Ils me jouent des tours, ils prennent des photos drôles... Je fais la même chose sur leurs appareils. Qu'est-ce que ça peut bien faire, Noé? Ce n'est pas n'importe qui, comme tu dis. Ce sont mes amis.

Je sens qu'il me trouve trop méfiante. Il demande encore :

— Tu as un cellulaire, toi aussi. Olivia ne connaît pas ton code, peut-être ?

Évidemment, elle le connaît. Je viens pour lui dire que ce n'est pas pareil, mais je me retiens à temps. Qu'est-ce qui n'est pas pareil, après tout ? Oli est mon amie, c'est normal qu'elle puisse avoir accès à mon téléphone. J'ai confiance en elle. Lucas juge tout aussi normal que ce soit ainsi avec ses amis. Il leur fait confiance, bien sûr. Pourquoi ça me fatigue tant ? Qu'est-ce qui m'agace ?

Je m'empresse de calmer le jeu. Je n'ai pas envie d'être en froid avec Lucas. Surtout pour une broutille semblable. Je lui adresse mon plus beau sourire et je dis simplement :

— Tu as raison. Bien sûr, Oli a mon code, elle aussi. Oublie ça.

15.
Un jour plus tôt – 6 juin

Je finis mon dîner à la cafétéria en compagnie d'Olivia. Je la vois assez peu, depuis un moment. Je passe beaucoup de temps avec Lucas. Mais je ne veux pas non plus laisser tomber mon amie complètement. Je m'oblige à dîner avec elle une fois par semaine. La conversation est moins facile qu'avant. Comme si chacune était constamment sur ses gardes. Oli n'ose pas trop me parler de Lucas parce qu'elle m'a déjà mise en garde contre lui à maintes reprises. De mon côté, j'évite plusieurs sujets aussi, comme les sorties que je fais avec le groupe d'amis de Lucas. Je sais qu'elle ne les apprécie pas trop. Pour être honnête, moi non plus. Bref, les dîners avec Oli sont agréables, mais la conversation reste un peu en surface.

J'aurais envie de me confier à elle, de lui raconter ce que j'ai fait avant-hier pour l'anniversaire de Lucas. De lui parler de la photo. C'est tellement inimaginable ! Mais je n'ose pas, évidemment. Quel dommage ! Avant, nous étions si proches qu'on pouvait tout se dire. On ne se cachait rien, on n'avait aucun sujet tabou. J'ai toujours confié tous mes secrets à Oli, même les moins glorieux. Je n'en reviens pas encore d'avoir pris cette photo. Ça me ressemble si peu. Mais j'ai le pressentiment que, loin de faire rire Oli, l'anecdote la mettrait plutôt en colère si j'osais la lui raconter.

Je me contente donc de sujets moins délicats, je garde mon secret pour moi et je demande à mon amie :

— As-tu hâte au bal ?

— Vraiment ! Toi ?

— Tu n'as pas idée !

Nous rêvons à cette soirée depuis si longtemps. Je pense que, déjà en première secondaire, nous avions commencé à en parler ! Je sais exactement quel type de robe Oli veut : longue, bleue, le dos nu… Elle la dessine depuis des années. Je m'informe :

— As-tu trouvé la robe de tes rêves ?

Elle semble surprise par ma question.

— Quoi ? Non !

À mon tour d'être étonnée.

— Voyons, Oli, c'est dans trois semaines ! Toutes les filles ont leur robe !

— Toi, tu as la tienne ?

— Bien sûr ! Je l'ai achetée il y a quelques semaines.

— Oh, je… je…

Oli commence à déchiqueter nerveusement une serviette de table en papier. Elle bredouille :

— C'est fou… je pensais que…

Elle soupire et dit finalement :

— Je suis un vrai bébé.

J'ai du mal à la suivre. Je demande doucement :

— Hé, Oli, qu'est-ce qui se passe ?

Des larmes brillent dans ses yeux. Elle me lance un petit sourire triste.

— Tu as oublié, hein ? En troisième secondaire, on avait fait un serment. On avait promis d'aller choisir nos robes ensemble si on était encore amies à ce moment-là… J'ai jugé qu'on l'était encore. J'attendais qu'on aille les acheter toutes les deux.

À mon tour d'être mal à l'aise.

— Mais… je n'ai pas pensé que… On n'en a pas reparlé du tout depuis des mois, je n'ai jamais pensé que tu attendais après moi !

— J'ai refusé d'y aller avec ma mère. Safia et Laure m'ont aussi proposé d'aller magasiner ma robe, mais j'ai dit non. Bien sûr, je trouvais qu'on était un peu à la dernière minute, toi et moi, mais dans ma tête, c'était clair que…

Je suis vraiment mal. Je ne sais plus quoi dire, quoi faire, où regarder. J'ai l'impression ces temps-ci que je ne cesse de décevoir mon amie.

— Tu aurais dû m'en parler, Olivia…

Elle se contente de hocher la tête. J'ai honte ! Je me rappelle très bien cette promesse, à présent. Je dormais chez elle. Le lendemain du bal des finissants de cinquième secondaire, nous avions passé des heures et des heures à scruter les photos mises sur Internet par l'école. Nous commentions chaque robe, chaque complet, les coiffures, les maquillages, les souliers, même… Et nous nous étions fait la promesse solennelle d'acheter nos robes ensemble. Je nous revois nous dire, mon petit doigt accroché à celui d'Oli : « Je jure d'acheter ma robe de bal avec toi, si nous sommes encore amies quand on finira le secondaire. » À l'époque, je dormais chez Oli ou elle venait dormir chez moi presque toutes les fins de semaine. On se voit beaucoup moins maintenant. On est encore amies, pourtant… mais pas autant.

Je tente de me racheter un peu en proposant :

— Tu veux qu'on aille voir pour ta robe en fin de semaine ?

Elle secoue la tête.

— Non, c'est beau, merci.

— Je suis tellement, tellement désolée, Oli…

— Ce n'est pas grave. J'aurais dû t'en parler. Personne ne base une décision sur une promesse faite deux ans avant. Surtout si on n'a pas abordé le sujet depuis… C'est niaiseux.

Je sens bien que la situation la blesse. Qu'elle se retient pour me dire qu'on ne doit plus être amies comme elle le pensait, après tout… Je tente d'insister encore un peu :

— On pourrait y aller samedi matin ?

Oli répond :

— Non, oublie ça, Noé. C'est correct, je te dis. Je vais m'occuper de ma robe comme une grande.

Elle essaie de sourire, mais ce n'est pas très convaincant. Je m'excuse au moins mille fois avant de la quitter. Je dois me rendre aux toilettes avant de retourner en cours.

Je me déteste. Je n'aime pas faire de peine à Oli. C'est ma meilleure amie, même si on est moins proches qu'avant. On a vécu tant de choses ensemble au fil des années. À part Lucas, c'est la personne qui me connaît le mieux, celle de qui j'ai pu me sentir la plus proche. Je suis en train de gâcher tout ça…

Perdue dans mes pensées, je vais aux toilettes, puis je passe chercher mes livres dans ma case. Ce n'est qu'une fois assise en classe que je m'aperçois que j'ai laissé mon cellulaire sur la table de la cafétéria quand je suis partie. J'étais si mal à l'aise que j'ai quitté Oli très vite et je n'ai pas pensé que j'avais déposé mon téléphone sur la table pendant le dîner. J'espère qu'elle l'a ramassé !

Il reste à peine deux minutes avant que ça sonne. Je me lève en catastrophe pour courir à la cafétéria. Dès que je mets le pied dans le corridor, je vois Oli qui court vers moi en brandissant mon cellulaire.

— Tiens, tu l'avais oublié !

— Ouf, merci, Oli ! Je viens juste de m'en rendre compte…

Je n'ai pas le temps d'ajouter autre chose. La cloche sonne, nous rentrons en classe.

Soudain, une pensée me frappe : la photo… La fameuse photo est sur mon cell. Est-ce que je l'ai supprimée de la galerie d'images après l'avoir envoyée à Lucas, avant-hier ? J'espère que oui ! Mais je ne me rappelle pas l'avoir fait…

De toute façon, Oli n'a aucune raison d'avoir ouvert mon cellulaire, non ? À moins qu'elle ait voulu vérifier que c'était bien le mien ? Évidemment, Oli a le code de mon cell et j'ai le sien.

Je ne me sens pas bien du tout. S'il fallait qu'elle soit tombée sur cette photo… J'aurais dû lui en parler, tout à l'heure. Hors contexte, elle va penser que… En fait, il n'y a aucun contexte pour expliquer ça. Même si je lui en avais parlé, ça ne changerait rien du tout.

J'essaie de me raisonner, mais je suis trop anxieuse pour attendre après le cours pour voir si j'ai bien supprimé la photo. Je prends discrètement mon cellulaire sous la table, sur mes cuisses. Je l'allume. À ma grande surprise, un message s'ouvre sur le bloc-notes :

> Bon cours, Noé ! Ne t'en fais pas pour
> la robe, sérieux. Je t'aime pareil !
> ☺ xx

Oli m'a écrit ce message ! C'est vraiment fin de sa part. J'ai une soudaine bouffée d'affection pour mon amie. Au moins, elle ne semble pas trop choquée contre moi, même si je l'ai laissée tomber pour la robe. D'une main nerveuse, je vais voir la galerie de photos. La première qui me saute aux yeux est le « cadeau » pour Lucas. Je m'en veux ! Voyons, pourquoi je n'ai pas supprimé ça ? Si Oli a jeté un œil sur mes photos, pour me faire une blague ou quoi que ce soit, elle l'a vue, sûr et certain. Elle n'a pas pu la manquer. Je relis le message qu'elle m'a laissé : elle ne semble pas en colère ni déçue. Elle n'a rien vu.

J'envoie immédiatement la photo à la corbeille.

Oli n'a aucune raison d'avoir fouillé mon cell ou d'avoir parcouru mes photos, franchement. Les risques sont minimes.

Mais s'il fallait qu'elle l'ait fait et qu'elle soit tombée là-dessus… que va-t-elle penser de moi ?

16.

13 juin – Six jours après le jour A pour Anéantissement

J'ai suivi les conseils d'Olivia, finalement. J'ai tout raconté à mes parents. Ils sont démolis, eux aussi. J'ai tellement honte. Ils ne parvenaient pas à me croire, au départ, tant ça leur paraissait invraisemblable. Tant ça ne me ressemble pas. Les questions se succédaient :

— Mais à quoi as-tu pensé ? On en a parlé si souvent…

— Noémie… pourquoi tu as fait ça ?

— C'est arrivé quand ?

— Je n'aurais jamais cru que toi…

Quand, comment, pourquoi… Ils ne comprennent pas que j'aie pu faire ça. On a parlé à maintes reprises de ce type d'histoire… Je le sais bien et je voudrais tant pouvoir leur expliquer mon geste, mais il n'y a rien à dire pour ma défense. J'ai été complètement inconsciente. Je ne peux rien expliquer, et c'est encore plus frustrant pour eux. Si seulement je pouvais revenir dans le passé, ne pas avoir envoyé la photo…

Mes parents sont bouleversés, mais ils ont pris la situation en main et ils sont là pour moi, en dépit de tout. Je ne pourrai jamais assez les remercier. Ma mère m'a même dit :

— C'est dur, Noé, je ne te le cacherai pas. Mais ça ne change rien au fait que je t'aime.

Quand on parle de l'amour inconditionnel des parents… Je suis rassurée de ne plus avoir à leur mentir. Mon père, lui, se tait. Il a tout écouté, tout encaissé, il était remué, je l'ai bien vu, mais il n'a rien dit, ne m'en a pas reparlé depuis. Par contre, il a appelé l'école, il s'est arrangé pour que je puisse faire quand même mes examens de fin d'année, seule à la bibliothèque, avec des horaires adaptés. Au fond, mon père me dit aussi qu'il m'aime, à sa façon, sans paroles, dans l'action. C'est sa façon de faire habituelle.

Je pourrai donc terminer mon secondaire. Après, je tournerai la page. Cet été, je travaillerai dans le même camp de jour que l'été dernier. Personne d'autre de mon école n'y travaille. Je retrouverai avec plaisir mes petits bouts, les chansons de camp, les rassemblements, les grands jeux… Je retrouverai mes amis moniteurs, et aucun d'eux ne sera au courant de ce que j'ai traversé ces derniers jours. J'arriverai peut-être à redevenir un peu l'ancienne Noémie qu'ils ont connue. À l'automne, je commencerai une nouvelle vie au cégep. Je serai dans un milieu différent, entourée d'élèves qui ne me connaissent pas tous. Certains viendront sûrement de la même école secondaire que moi, mais des mois auront passé… Je n'aurai qu'à ne pas les fréquenter. Ne pas les approcher. Ne pas les regarder.

Pour la première fois depuis des jours, je me permets un peu d'espoir… Après l'été, peut-être que tout le monde aura oublié ça… Je sais que, moi, je n'oublierai jamais, mais au moins cette histoire sera derrière. Difficile à imaginer en ce moment.

Heureusement que j'ai Oli. Elle est venue chez moi chaque soir depuis lundi. Elle m'apporte mes cahiers, elle étudie avec moi. Je ne sais pas ce que je ferais sans elle. Je lui devrai une bonne partie de mon diplôme d'études secondaires. C'est elle qui a su me convaincre de parler à mes parents et de finir mon année. Sans sa visite, je pense que je serais toujours terrée dans mon lit, à verser toutes les larmes de mon corps.

Je ne me sens pas encore très solide, je n'ai rien à voir avec celle que j'étais il y a quelques jours à peine, mais je suis rassurée de pouvoir finir mon secondaire. Au moins, je n'aurai pas tout gâché. Je n'aurai sûrement pas les meilleures notes, je ne peux pas dire que je suis très concentrée sur mes études en ce moment, mais jusqu'ici j'avais une bonne moyenne, alors je ne devrais pas avoir de problèmes. Honnêtement, les notes sont bien la dernière chose qui m'inquiète ces temps-ci… Pourvu que je passe et que je puisse tourner la page sur mon secondaire, ça me va.

Cet après-midi, je reviens à l'école pour la première fois depuis les événements. J'ai un test d'anglais à faire. Je dois me présenter à la bibliothèque. Je suis nerveuse. J'ai encore en tête les ricanements lors de mon dernier passage, les regards durs, les commentaires chuchotés dans mon dos…

Mon père me dépose à la porte :

— Bonne chance, Noé. Texte-moi dès que tu as fini, je reviendrai te prendre.

L'école est tout près de chez moi. J'aurais facilement pu venir et rentrer à pied. Je pense que mon père veut surtout que je sache que je ne suis pas seule là-dedans. Il est avec moi. Ma mère aussi.

Les mains moites, j'ouvre la porte de l'entrée des élèves. Oli arrive presque en courant au même moment.

— Noé, j'avais tellement peur de te manquer ! Ça fait du bien de te revoir ici.

Pour l'instant, je ne peux pas en dire autant. Prétendre que ça me fait du bien d'y être serait largement exagéré. Mais mon amie est là, elle m'a attendue, elle marche à mes côtés, tout me semble soudain plus facile à affronter.

Nous nous dirigeons vers la bibliothèque. Je m'efforce de ne pas penser aux toilettes des filles, dans lesquelles les graffitis sur mon compte se sont sûrement accumulés depuis ma dernière journée ici. L'école est presque vide. Il ne reste que ceux qui ont des activités, peu nombreux à ce moment-ci de l'année, ou ceux qui traînent un peu avant de rentrer à la maison. Aujourd'hui, je risque moins d'avoir des regards méprisants ou des sourires cruels sur mon passage. Deux gars me jettent un coup d'œil curieux, sans plus. Peut-être simplement parce que j'ai l'air trop stressée…

Dans les corridors, certains discutent, préparent leur sac, courent vers un local en regardant leur montre. Personne ne s'occupe trop de moi. Oli semble lire dans mes pensées :

— La vie continue, Noé. Tout le monde va s'en remettre et passer à autre chose. Ils ne parlent pas de toi toute la journée, tu sais.

Elle est gentille. J'éviterai quand même de venir à l'école pendant les heures normales d'ici la fin de l'année, mais je commence à entrevoir la possibilité qu'un jour tout redevienne comme avant. Que je sois de nouveau Noémie. Pas juste la fille qui s'est prise en photo nue et que toute l'école a pu voir parce qu'elle s'est retrouvée sur Spotted.

J'ai quelques minutes encore avant mon examen. Oli propose de rester avec moi en attendant. Nous nous assoyons sur un banc à l'entrée de la bibliothèque. Je tente vaillamment de faire la conversation, comme si de rien n'était, comme si nous étions simplement deux amies qui jasent dans l'école qu'elles quitteront bientôt.

— Le bal approche, Oli. Tu dois avoir hâte.

Elle hausse les épaules.

— Honnêtement, je n'y pense pas trop…

Je me sens un peu coupable. C'est bien ma faute si Oli consacre sa semaine à m'aider à préparer mes examens. Elle devrait être en train de stresser pour ses bijoux, ses souliers, son maquillage pour le bal, mais elle passe son temps à s'occuper de moi à la place.

Mon amie pouffe de rire.

— Sais-tu quoi, Noé ? Je n'ai même pas acheté ma robe encore.

Oli, qui m'attendait pour l'acheter… Je sens mes joues rougir. Je l'ai vraiment laissée tomber ! Je ne mérite pas son amitié, toute l'attention qu'elle a pour moi ces jours-ci. Je vois avec un pincement au cœur la robe que j'ai achetée, en compagnie de Lucas, si belle, si vaporeuse, qui m'a coûté une petite fortune, dans laquelle je me trouvais pas mal du tout… et que je ne porterai jamais.

Soudain, une idée me frappe :

— Et si tu prenais la mienne ? On est à peu près de la même taille, Oli. On a toujours échangé nos vêtements. J'ai une robe superbe et je n'aurai aucune autre occasion de la porter, c'est sûr. Elle est bien trop chic, je ne pourrai pas la mettre pour un autre événement qu'un bal. Et je ne peux pas la retourner, il est trop tard, je l'ai achetée il y a trop longtemps. Ça me ferait vraiment plaisir qu'elle serve. Qu'elle te serve, à toi.

Oli semble étonnée de ma proposition.

— Voyons, Noé, ça n'a pas de sens…

— Au contraire, c'est très logique !

— Tu… tu es sûre que tu ne veux pas venir au bal ? Tu vas peut-être changer d'idée d'ici là.

— J'en suis certaine. La question ne se pose même pas.

Juste de m'imaginer entrer dans la salle de bal, seule, de sentir les regards de tous sur moi, d'entendre leurs chuchotements, leurs jugements… Tout ça me donne envie de vomir. Que feraient Lucas et ses amis ? Ils riraient ? M'insulteraient ? M'ignoreraient ? Dire que j'attendais cette soirée depuis des années… Et que par ma faute, ma faute à moi seule, je n'irai même pas…

Oli me sort de mes sombres pensées. Son visage s'éclaire tout à coup.

— J'ai une meilleure idée !

— Quoi ?

Elle lance avec enthousiasme :

— Si tu n'es pas au bal, je n'ai aucune bonne raison d'y aller, Noé. Je n'ai pas du tout le goût d'aller dans une soirée chic avec du monde avec qui je ne me tiens pas. Toi et moi, ce soir-là, on va regarder des petits films *cutes* toute la nuit en mangeant plein de cochonneries ! Comme un hommage aux nombreuses soirées de ce style qu'on a passées pendant notre secondaire !

— C'est très tentant, mais je ne peux pas accepter, Oli. Je ne veux pas que tu manques LA soirée que tout le monde attend. Ce serait vraiment égoïste de ma part.

— Noé, je suis certaine qu'on aura plus de plaisir ainsi ! Franchement, je vais faire quoi, au bal, sans toi ?

— Arrête, tu as plein d'autres amies ! Tu seras avec Laure, avec Safia…

Elle s'obstine :

— Mais aucune aussi proche que toi.

— Laisse-moi y penser et on en reparle…

Je n'ai absolument pas l'intention d'accepter, mais je sens qu'Olivia sera difficile à convaincre, et je n'ai plus le temps d'argumenter. Je dois aller à mon test d'anglais. Nous nous levons et je fais un gros câlin à mon amie.

— Merci pour tout, Oli. Je ne sais pas ce que je deviendrais sans toi.

Elle me serre bien fort dans ses bras. Puis elle me repousse délicatement en essuyant une larme au coin de son œil.

— Allez, sauve-toi ! Va faire cet examen. On se voit ce soir ? Appelle-moi quand tu auras fini de souper, j'irai étudier avec toi.

Elle me lance un grand sourire, qui s'efface brusquement. Ses yeux sont fixés derrière moi. On croirait qu'elle a vu apparaître un fantôme.

Je me retourne. Ce n'est pas un fantôme. C'est pire.

Lucas.

C'est la première fois que je le revois depuis… depuis ce terrible matin. Je me fige complètement. Lucas fait quelques pas vers moi.

— Noé…

J'ai peur de hurler. De m'effondrer. Ne pas penser à ce que Lucas représentait pour moi. Aux moments vécus avec lui.

Il m'a fait vivre la pire peine d'amour au monde. Mais ce n'est pas tout. Il m'a brisée. Il m'a trahie.

Mon visage se ferme. Je dois mettre le plus de distance possible entre lui et moi. Je me tourne vers la porte de la bibliothèque, sans un mot. Sentant que je vais m'éloigner, Lucas dit rapidement :

— Attends, Noé, écoute-moi. S'il te plaît… Je t'ai écrit mille fois, je n'arrête pas de t'appeler… Il faut que tu m'écoutes. Je te jure que je n'ai rien à voir là-dedans. Je t'aime, tu le sais, on était si bien ensemble… Je n'avais jamais vécu ça avant. Je n'aurais jamais pu te faire mal. S'il te plaît, Noé… C'est important que tu le saches. Ce n'est pas moi. Je n'ai pas mis la photo sur Facebook. Je ne l'aurais jamais montrée à personne.

Je suis bouleversée. J'ai presque envie de le croire. Il semble tellement sincère… Mais c'est impossible. Tout est détruit. Personne d'autre n'avait cette photo.

Je baisse la tête. Je me sens complètement vide, épuisée. De grosses larmes coulent sur mes joues. Olivia pose une main réconfortante sur mon épaule. J'ai du mal à reconnaître ma voix quand je me retourne vers lui et que je souffle :

— Va-t'en, Lucas.

Il recule d'un pas, comme si je l'avais giflé. Il murmure :

— Noé…

J'élève le ton, je serre les dents, je dois presque me retenir pour ne pas le frapper. Je siffle :

— Tu. T'en. Vas.

Vaincu, il soupire.

— OK. Je m'en vais. Mais il faut que je te dise quelque chose. Je n'arrête pas de penser à ça, Noé. Ça tourne dans ma tête, tout le temps. J'essaie de comprendre.

J'ai envie de lui crier : « Et moi ? Tu penses que je fais quoi ? » Il ne va quand même pas me demander de le prendre en pitié ? Sa voix se raffermit un peu. Il continue :

— Tu m'en veux, c'est normal. Je sais que j'ai l'air coupable. Mais je te jure sur tout ce que tu veux que je n'ai rien à voir là-dedans.

Ses yeux brillent, il parle avec conviction, d'un ton passionné, comme si sa vie était en jeu.

— Écoute-moi, Noé : la photo a été mise sur le mur Spotted de l'école jeudi matin. Quand je l'ai vue, c'était après mon entraînement avec le club de course. Manuel et Nathan étaient avec moi. On est allés au vestiaire après l'entraînement, tout le monde parlait de ça… Je ne savais rien encore. On a couru de sept heures à huit heures. Demande à l'entraîneur, demande à n'importe qui dans le club. De sept à huit, j'étais avec eux. Je ne les ai pas quittés. Quand j'ai vu la photo, sur la page Spotted, ça indiquait qu'elle y avait été mise depuis trente minutes. Un peu après sept heures trente. Je n'avais pas accès à un ordi ou à un cell, à cette heure-là, Noé. Je courais. Je te le jure.

Lucas termine d'une voix chancelante. Des larmes dévalent ses joues. C'est la première fois que je le vois pleurer. Il ne les essuie pas, il ne tente pas de se cacher. Il pleure. Il pleure et il répète :

— Je te le jure… Je te le jure…

Et il s'éloigne.

Je ne sais plus quoi penser.

J'ai envie de le croire.

J'ai besoin de le croire.

17.
Quatre mois plus tôt – 14 février

C'est ma première Saint-Valentin avec un amoureux. Ça change beaucoup la journée, je l'avoue ! Au lieu d'espérer en vain un admirateur secret qui profitera de l'occasion pour se dévoiler, cette année, je croule sous les petites surprises de toutes sortes.

Lucas est incroyable ! Quand j'ai ouvert ma case, ce matin, j'y ai découvert, sur la tablette du haut, un superbe cahier aux pages blanches, à la couverture de cuir rouge, avec une petite carte : *Pour que tu puisses écrire chaque fois que tu penses à moi !* Ça commençait bien la journée !

Et ce n'était qu'un début. À notre école, il y a ce qu'on appelle un « service de Cupidon » le 14 février : toute la journée, nous pouvons acheter des fleurs, du chocolat ou des toutous et les faire livrer à l'élève de notre choix. La livraison se fait par des élèves vêtus de t-shirts rouges avec un gros cœur blanc dessus. Chaque fois que l'un d'eux entre en classe, notre cœur bondit tandis que nous espérons que la livraison sera pour nous…

L'an dernier, nous étions si excédées de voir ces livraisons pour tout le monde, sauf nous, que nous nous étions fait livrer du chocolat l'une à l'autre, Olivia et moi. Je me demande ce que fait Oli aujourd'hui... Je laisse mes yeux errer dans la cafétéria sans apercevoir mon amie. Elle passe de plus en plus de temps à la bibli, seule, le midi.

Bref, cette année, j'ai pu bénéficier du service de Cupidon, et pas grâce à Oli ! Juste avant le premier cours du matin, une élève vêtue d'un t-shirt rouge arrive dans notre local. Elle dit mon nom. Je lève timidement la main, et elle me remet un adorable toutou, accompagné d'une carte : *Pour que tu le serres contre ton cœur la nuit en pensant à moi*. Quelle merveilleuse journée ! Tout ça grâce à Lucas.

Et ce n'est même pas fini : à la deuxième période, même scénario. Un élève vient visiter notre classe et me tend deux roses rouges : *Parce que leur beauté m'a fait penser à toi*. Je fonds... J'adore la Saint-Valentin, j'adore être amoureuse, j'adore Lucas !

Quand midi arrive, je vais à la cafétéria rejoindre Lucas et ses amis pour le dîner. Je me glisse aux côtés de mon amoureux, je l'embrasse et je lui chuchote à l'oreille :

— Merci pour tout, mon Lou ! C'est fou, ça n'arrête pas ! Je suis gâtée !

Lucas m'enlace et il m'embrasse avec fougue.

— Tu le mérites bien ! Bonne Saint-Valentin !

Un toussotement forcé interrompt notre baiser. Assis sur le banc en face de nous, Nathan lève les yeux au ciel et grommelle :

— *Get a room*, les amoureux !

Tous éclatent de rire. Lucas rigole :

— Tu es jaloux, Nathan ?

Tout à coup, une élève en rouge se dirige vers notre table. Elle vient droit vers moi et me tend une boîte de chocolats :

— Service de Cupidon pour Noémie !

Encore ! Tous les regards se tournent vers moi. Je rougis. Je remercie tendrement Lucas et je l'embrasse de nouveau. À table, il y a des sifflements moqueurs. Joannie grogne :

— C'est déjà pas terrible d'être toute seule à la Saint-Valentin, si au moins vous arrêtiez de nous mettre votre bonheur dans la face…

Lucas proteste :

— Hé ! c'est la fête de l'amour ! Laissez-nous tranquilles ! On ne va pas faire semblant de ne pas être bien ensemble par solidarité pour les célibataires, quand même.

Certains rigolent et approuvent. Phil dit:

— On n'osait pas vous le demander, mais ce serait gentil, oui. Merci de le proposer!

Manuel ajoute d'un ton sarcastique:

— En tout cas, il a changé, notre Lucas!

Ses amis semblent s'entendre pour dire que oui. Lucas s'indigne:

— Ben là, pas tant que ça!

Tout le monde rit. Joannie lance:

— Voyons, Lucas, tu n'as jamais été romantique... Regarde-toi: le chocolat, les petits mots doux, les câlins en public...

Je n'aime pas trop l'allure de la conversation. Elle est partie d'une simple boutade, mais on s'éloigne de la taquinerie et ça commence à ressembler à des reproches. Je tente de défendre Lucas.

— J'aime ça, moi, qu'il soit romantique...

Manuel dit:

— Il était pas mal moins rose avant. Pas mal plus *willing* aussi. Il ne reculait devant rien, notre Lucas!

Lucas ne paraît pas trop s'en faire avec le ton de la discussion. Il prend le tout avec humour et il rétorque:

— C'est ça, dis donc que je suis rendu plate !

— Tu t'es adouci, en tout cas, souligne Phil. Tu sortais pas mal plus avant. Tu fêtais plus.

Je me sens un peu mal à l'aise d'assister à tout ça. J'ai l'impression que, indirectement, c'est à moi que ses amis adressent ces reproches. C'est moi qu'ils tiennent responsable des changements de Lucas. Joannie ajoute, moqueuse :

— Et tu aimais relever des défis, aussi, dans le temps…

Tous se sourient d'un air entendu autour de moi. Ils semblent saisir exactement de quoi il est question. Je ne comprends pas. Je demande :

— Des défis ?

Nathan m'explique :

— On aime bien lancer des défis dans la *gang*. « Tu vas inviter telle fille à danser et tu dois obtenir son numéro de téléphone. » « Tu dois entreprendre une correspondance Internet avec une telle jusqu'à ce qu'elle demande de te rencontrer en vrai. » Ce genre de truc. Lucas est le meilleur. Il réussit chaque fois.

Je ne suis pas sûre de bien comprendre.

— Et tu ne les rappelles pas ? Tu niaises ces filles ?

Lucas lève les mains dans un geste de défense :

— Hé ! c'est juste un jeu, Noé ! Et j'ai changé ! C'était avant. Je ne suis plus comme ça, regarde, tout le monde le dit !

Autour de nous, les conversations reprennent peu à peu sur d'autres sujets, animées, comme si de rien n'était. Je suis très mal à l'aise à l'idée de la peine qu'il a pu faire à certaines… Juste un jeu… Comment peut-on « s'amuser » avec des humains, avec leurs sentiments ? Lucas doit sentir mon changement d'humeur, car il m'enlace doucement.

— Noé… arrête de t'inquiéter. Je ne suis plus le même, tu le sais bien.

Une idée me frappe brusquement :

— Et moi, j'étais un défi ?

Il paraît interloqué.

— Quoi ?

— Quand tu m'as écrit, la première fois, c'était parce que tes amis t'avaient lancé un défi ?

Il se fait encore plus charmeur que d'habitude :

— Si oui, ça aurait été le plus beau des défis…

Mon cœur se serre. Je balbutie :

— Mais c'était bien ça, au début ? C'était un jeu ?

Le sourire de Lucas s'éteint brusquement.

— Voyons, Noé, franchement ! C'est sûr que non ! Pour qui tu me prends ? Je t'ai écrit parce que je te trouvais à mon goût. On est ensemble depuis octobre... Il me semble que c'est clair que je t'aime, que je ne fais pas juste m'amuser.

Je l'ai froissé. Il a l'air mécontent.

Je ne suis pas la plus heureuse non plus, pour tout dire, en ce moment. Jusqu'à quel point Lucas a-t-il changé ? Combien de temps durera ce changement ? Est-ce qu'au fond je connais si bien le véritable Lucas ?

Malgré les petits mots, les fleurs, les chocolats et le toutou, ma journée de Saint-Valentin me paraît beaucoup moins magique, tout à coup.

18.

Deux semaines plus tôt – 25 mai

Quand je quitte l'école, à la fin de la journée, une silhouette attire mon attention. Assise seule à une table à pique-nique, la nuque un peu voûtée, la belle Malorie pianote sur son téléphone en s'essuyant régulièrement les yeux. Je ne suis pas très proche d'elle, je la connais à peine, en fait, même si elle gravite dans la *gang* de Lucas. Malorie est tellement jolie qu'elle m'intimide. Tout semble plus facile pour elle, les gens paraissent prêts à se battre pour lui plaire, j'ai l'impression qu'elle a toujours ce qu'elle veut. Elle traverse l'école comme une reine, la tête haute, altière, distribuant de rares sourires seulement à ceux qu'elle connaît. C'est difficile d'entrer en contact avec elle. Je la croise souvent quand je fais des activités avec Lucas et ses amis, j'ai essayé à quelques reprises de lui parler, mais elle m'a tout juste répondu poliment. Je ne sens aucun effort de sa part pour m'intégrer dans leur groupe. Je la trouve très froide. Lucas dit que c'est parce que je ne la connais pas, qu'elle est adorable et pas du tout froide comme je le prétends. Je voudrais bien me rapprocher d'elle, mais elle ne se laisse pas atteindre facilement.

Mais en ce moment, chaleureuse ou non, elle semble très triste. Et je me vois mal l'abandonner ainsi. D'un autre côté, je ne veux pas avoir l'air de ne pas me mêler de mes affaires. J'hésite un peu, puis je finis par m'approcher timidement de la table où elle est assise. Je demande doucement :

— Ça va, Malorie ?

Elle s'essuie les yeux d'un geste brusque.

— Pas très bien, non.

— Je peux t'aider ?

— T'es fine. Mais non, merci.

Elle hausse les épaules et m'adresse un sourire piteux entre ses larmes.

— Histoire de rupture poche… Histoire de gars… C'est niaiseux, hein ? Il y en a plein d'autres.

Je m'assois en face d'elle.

— Il n'y a rien de niaiseux là-dedans, voyons ! Si Lucas me laissait ou si on se disputait, je serais démolie, c'est sûr… Vous êtes ensemble depuis longtemps ?

— On était. Je sortais avec depuis dix mois. Mais il habite à trois heures d'ici, on ne se voit presque jamais, il trouve ça trop compliqué. Je pensais que ça se pouvait, mais non, je me trompais, il faut croire… Il vient de me laisser. À un mois du bal, à peu près. Par texto, en plus ! Un champion du monde, hein ?

Elle baisse la tête. Je vois de nouveau les larmes couler sur ses joues. Je n'en reviens pas qu'on puisse quitter une fille comme Malorie ! Tous les gars doivent rêver d'avoir une blonde comme elle. Elle ressemble à un *top-modèle*. Je ne sais pas trop quoi dire pour la consoler. Elle n'a sûrement pas envie d'entendre des généralités du genre : « Un de perdu, dix de retrouvés », « C'est peut-être mieux comme ça » ou « Tu vas en rencontrer plein d'autres plus intéressants »… J'essaie d'imaginer ce que, moi, j'aurais envie d'entendre dans une telle situation, mais je ne trouve rien. Il n'y a pas de bons mots pour effacer la douleur. Pour empêcher de pleurer.

Je pose doucement une main sur son épaule :

— Je te comprends d'avoir de la peine, Malorie. C'est normal.

Une voix nous fait soudain lever la tête.

— Voyons, qu'est-ce qui se passe ici ?

Lucas se tient devant nous, la mine inquiète, les sourcils froncés. Malorie éclate en sanglots :

— C'est Francis…

Il s'assoit près d'elle, la prend dans ses bras, lui tapote gentiment le dos.

— Chut… chut… ça va aller.

Je me sens un peu de trop. Ils sont amis depuis longtemps, ils se connaissent bien, Lucas saura trouver les mots mieux que moi. Malorie grommelle :

— Les maudits gars… Sont tous pareils ! Ils disent qu'ils vous aiment, mais ils finissent toujours par vous blesser…

— Hé ! proteste Lucas. Je ne suis pas comme ça, moi ! Je ne voudrais jamais faire de mal à Noé.

Malorie essuie maladroitement ses larmes.

— T'es pareil, Lucas. Arrête ! Combien de fois tu nous as raconté tes histoires de filles au cœur brisé ? Tu étais mort de rire.

Je n'ai pas trop envie d'entendre ça. Je vais les laisser à leurs confidences. Je me lève.

— Bon, je dois partir… Fais attention à toi, Malorie. On s'appelle, Lucas.

Malorie me jette un regard navré.

— Désolée, Noémie. J'aurais pas dû dire ça. Merci d'être venue me voir. Tu as été super fine.

Elle plonge ses yeux dans les miens et ajoute :

— Toi aussi, fais attention à toi. Même quand on pense être amoureuse pour toujours, ça ne dure pas.

Lucas semble désemparé. Il me jette un regard désolé, comme pour dire : « Je m'excuse, je voudrais bien pouvoir te parler, mais je dois rester ici. » Je ne réponds rien à Malorie. Aucune réponse possible à ça. Je rassure Lucas d'un petit signe de tête et je m'éloigne.

Je jette un dernier regard vers leur table avant de me diriger vers le coin de la rue. Malorie pleure toujours, effondrée, appuyée sur l'épaule de Lucas. Ses paroles me tournent dans la tête sans arrêt : « Fais attention à toi. Même quand on pense être amoureuse pour toujours, ça ne dure pas. »

C'est seulement le discours d'une fille blessée, amère et en colère, n'est-ce pas ? Ou c'est plutôt une mise en garde qu'elle tentait de m'adresser au sujet de Lucas ? Ça ressemble drôlement à un avertissement, je trouve. Et c'est loin de me plaire.

19.

11 juin – Quatre jours après le jour T pour Tragédie

Je dois savoir qui est le coupable. Cette pensée me tourne dans la tête depuis qu'Oli m'a quittée tout à l'heure. J'ai besoin de comprendre, d'apprendre à qui je dois ce tremblement de terre dans ma vie si tranquille.

Bien entendu, je suis déjà convaincue à quatre-vingt-quinze pour cent que c'est Lucas, le responsable. Il y a hélas peu d'autres possibilités. Ou il a transmis lui-même la photo sur la page Spotted de l'école, ou alors il l'a bêtement envoyée à ses amis, sans réfléchir, et l'un d'eux l'a fait. Dans un cas comme dans l'autre, c'est Lucas, le fautif.

Je suis dévastée. Je ne me reconnais plus. Apprendre qui est derrière cette histoire ne changera pas tout, mais je garde le faible espoir que tout ça n'était pas qu'un jeu pour Lucas, seulement un défi depuis le début. J'en mourrais de honte. C'était mon premier grand amour. La première fois que je me livrais autant à quelqu'un. Je lui ai fait totalement confiance. S'il fallait que Lucas ait joué la comédie tout ce temps… Je ne m'en remettrais pas. La situation est déjà difficile, mais apprendre qu'il m'a manipulée depuis le début juste pour s'amuser, rien ne pourrait être pire.

Mais si ce n'est pas lui, qui alors ?

Les possibilités sont restreintes. La seule personne à avoir eu accès à mon cellulaire et à en connaître le code est Olivia, qui n'a rien à voir là-dedans. Au contraire. Elle est mon unique appui, ma confidente, celle qui me maintient à flot depuis les événements.

Je ne peux m'empêcher de penser à mes parents, qui trouvaient ma passion pour Lucas dévorante, trop intense, qui me répétaient sans cesse que nous allions trop vite… Ils avaient raison. Avec Lucas, j'avais une envie d'aimer brûlante, presque violente. Je ne me suis jamais sentie aussi vivante qu'avec lui… Mais le prix à payer pour ces quelques mois où j'ai cru au bonheur est trop élevé.

Ça ne vient pas de mon côté, donc ça vient de Lucas. Ou de quelqu'un qui aurait eu accès à son téléphone. Ses amis ne sont pas très chaleureux avec moi, mais je vois mal pourquoi Nathan, ou Phil, ou Malorie feraient un geste pareil. Je n'imagine même pas Joannie, qui ne m'apprécie guère pourtant, aller jusque-là…

J'ai beau essayer de penser à autre chose, j'y reviens sans cesse : je dois savoir.

J'ai besoin de comprendre ce que j'ai pu faire pour mériter ça. Qui m'en veut à ce point ? Qui peut bien me détester assez pour choisir volontairement de détruire ma vie ?

Cette personne devait bien savoir quelles seraient les conséquences de son geste… Il faut vraiment m'en vouloir beaucoup, ou alors il faut être profondément indifférent au fait que j'en serais bouleversée pour agir ainsi…

Qui ?

Qui est le coupable ?

Il faut que je le sache.

20.

16 juin – Neuf jours après le jour D pour Démolition

Oli et moi, nous profitons de ce samedi pluvieux pour nous rendre au centre commercial. C'est ma première sortie depuis le fameux matin, à part mes visites à l'école pour mes examens. Nous parlons d'abord de choses et d'autres en flânant dans les boutiques, puis Oli aborde délicatement le sujet le plus sensible.

— Tu sais, Noé, je comprends que tu sois bouleversée. Je le serais aussi. Mais j'ai beaucoup pensé à tout ça, et je suis certaine que ça ne te suivra pas toute ta vie. Les gens oublient vite…

— Merci, Oli.

Son intention est bonne, mais je suis parfaitement consciente que, même si les autres oublient, moi, je ne serai plus jamais la même. Je tente de faire diversion. À quoi bon tourner et retourner tout ça ? C'est ce que je fais depuis plus d'une semaine et ça ne change rien à rien.

— Je n'ai pas trop envie d'en parler, pour être honnête, Oli. J'aimerais mieux me distraire un peu. On va dîner ?

La halte alimentaire est bondée. Oli gémit :

— On ne pourra jamais s'asseoir !

À ce moment, juste devant nous, une table se libère. Je propose à mon amie :

— Va commander, je reste ici pour garder la table. J'irai après.

Elle accepte et s'éloigne. Je m'assois et pianote machinalement sur mon téléphone, comme j'avais l'habitude de le faire. À quoi bon ? J'ai fermé toutes mes pages, désactivé mes comptes. À qui j'écrirais ?

Soudain, l'impression d'être observée me fait lever la tête. Je jette un coup d'œil autour. Je ne me trompais pas... Mais je ne peux pas dire que ça me réjouit. À quelques tables de moi, Camille, la sœur de Lucas, et sa maman sont en train de dîner. Camille me fixe. Je me contente de lui faire un petit salut de la main. Je n'ai aucune raison d'en vouloir aux membres de la famille de Lucas. Ils ne sont peut-être même pas au courant.

Camille ne me quitte pas des yeux. Elle continue de me dévisager. Mal à l'aise, je ne sais plus où regarder. Je la vois se pencher vers sa mère et me désigner du doigt.

« Pourvu qu'elles ne viennent pas me voir... Pourvu qu'elles ne viennent pas me voir... » Je me répète ces paroles en boucle, comme une formule magique. Je ne leur en veux pas… mais à part Lucas, ce sont bien les dernières personnes avec qui j'ai envie de faire la conversation ces temps-ci.

Je cherche Oli du regard. Elle fait la file au comptoir et il y a encore sept clients devant elle. Elle n'est pas près de venir à ma rescousse. Comme je le craignais, Camille se lève, quitte sa table et marche vers moi. Isabelle, sa mère, reste assise et m'adresse un petit sourire teinté de tristesse. Elle ne sait peut-être pas toute l'histoire, mais une chose est sûre : elle est au courant que Lucas et moi, c'est terminé. Je le devine dans son attitude embarrassée.

Camille est là, devant moi. Elle s'assoit. Je m'oblige à lui sourire :

— Salut, Camille…

— Il fallait que je te parle, Noémie. C'est trop triste, pour mon frère et toi…

Je n'ai tellement pas envie d'aborder ce sujet ! Je tente de l'esquiver :

— Eh oui, c'est la vie. Ce sont des choses qui arrivent. Toi, comment tu vas ?

Elle néglige ma question et continue :

— Lucas n'a rien à voir là-dedans.

Moi qui espérais qu'elle n'était pas au courant… Elle connaît la situation, visiblement. C'est touchant, quand même, de la voir défendre son grand frère, surtout qu'ils ne s'entendent pas très bien et se disputent souvent. Je dis doucement :

— Tout ça est très triste, Camille. Tu es gentille de protéger Lucas. Mais de toute façon, lui et moi, c'est fini. Ça ne reviendra jamais.

À ma grande surprise, elle se met à pleurer. Elle répète, obstinée :

— Je sais que c'est fini, mais Lucas n'a rien à voir là-dedans.

Je ne trouve plus rien à dire. J'ai tant pleuré ces derniers jours qu'on dirait que je n'ai plus de larmes à verser. Et je ne meurs pas d'envie de consoler la petite sœur de Lucas. Je regarde sa mère, en espérant qu'elle va venir récupérer Camille. Mais Camille lui tourne le dos. Isabelle n'a sûrement pas vu qu'elle pleurait parce qu'elle semble très concentrée sur son téléphone en ce moment. Elle a la tête baissée et je ne peux pas compter sur elle pour venir chercher sa fille et me sortir de là.

Camille prend une grande inspiration, comme si elle voulait s'insuffler du courage, et elle me lance à toute vitesse :

— Je suis certaine que ce n'est pas Lucas parce que je sais qui a mis la photo en ligne.

J'en perds le souffle. Je sens mon cœur battre dans mes tempes. Je murmure :

— Qui ? C'est qui ?

Camille baisse les yeux. De grosses larmes roulent sur ses joues pendant qu'elle explique :

— Le soir avant, j'ai eu une mégachicane avec Lucas. Pire que d'habitude encore. On s'est tellement engueulés ! Le matin, il partait à l'école de bonne heure, il avait un entraînement avec le club de course. Je me suis levée en même temps que lui et on a repris notre dispute. On s'est dit plein de choses très méchantes. Il… il est parti pour l'école en me criant qu'il était bien mieux quand je n'étais pas là.

J'ai du mal à m'intéresser aux chicanes familiales de Lucas et Camille en ce moment. Qui ? Qui a fait ça ? J'ai peur qu'elle s'éloigne du sujet, mais je n'ose pas l'interrompre. Camille se tait un instant, comme pour reprendre son souffle. Je reste muette. Je ne comprends toujours pas. Camille poursuit d'une petite voix :

— J'étais vraiment, vraiment choquée contre lui, tu ne peux pas savoir ! Je ne lui en ai jamais voulu autant. Quand il est parti, j'étais en colère, je voulais tout démolir, je voulais lui faire mal. Je suis allée dans sa chambre. Son ordi était resté allumé sur sa table de travail. Il n'avait pas fermé sa page Facebook. Je… j'ai pensé publier une niaiserie sur sa page, lui faire honte, quelque chose comme ça… J'ai regardé ses messages, dans sa boîte, et j'ai vu le tien. C'était écrit *TOP SECRET*. J'ai vu la photo de toi… Je voulais juste me venger. Il t'aime tellement.

Elle m'explique qu'elle n'a jamais vu son frère comme ça avec une fille. Qu'elle ne pouvait pas trouver mieux. Rien ne pouvait le blesser plus que si elle s'en prenait à moi. Elle conclut :

— J'ai envoyé ta photo sur le Spotted de votre école, sans réfléchir. Je pensais juste à blesser mon frère… Je l'ai démoli. Je ne le reconnais plus.

Les larmes coulent toujours sur ses joues, sa voix est si faible qu'elle chuchote presque maintenant :

— Après, j'ai compris ce que ça te ferait, à toi… Je n'avais pas pensé à ça… Je voulais juste me venger de lui. La photo a été enlevée très vite, par ceux qui tiennent la page, je pense. Mais c'était trop tard.

Je suis sans voix. Je secoue la tête, déconcertée.

— Je suis tellement, tellement désolée, Noémie. Tout est ma faute. Je vais m'en vouloir toute ma vie.

Camille se lève et quitte la table. Elle passe devant Isabelle et ne s'arrête pas. Elle court vers les toilettes. Je vois sa mère, interloquée, ramasser leurs sacs et se précipiter à sa suite.

Je suis sous le choc. Complètement bouleversée. Lucas n'a rien à voir là-dedans. Mais Camille… La petite Camille…

Quand Oli revient, je dois avoir un drôle d'air parce qu'elle me dit immédiatement d'un ton inquiet :

— Noé ? Qu'est-ce qui se passe ?

Je réponds d'une voix basse :

— Je sais qui a rendu la photo publique…

Elle s'impatiente :

— Parle plus fort, je ne t'entends presque pas… Tu sais quoi ?

— Qui a placé la photo sur Internet. Ce n'est pas Lucas. Et il ne l'a envoyée à personne non plus.

Oli demande, stupéfaite :

— Tu connais le coupable ?

Je n'ai aucune envie de démolir Camille. J'ai bien vu à quel point elle s'en veut. Je réponds à Oli :

— Je sais qui l'a fait. Mais la coupable, c'est surtout moi. Si je n'avais pas pris cette photo, si je ne l'avais pas envoyée, il ne serait rien arrivé.

Je pensais que je serais contente d'apprendre qui était derrière ça. Que je serais soulagée et que je me sentirais mieux. Ce n'est pas le cas.

Tout n'est pas fini. Je vais terminer mon année scolaire, me recréer une existence, aller au cégep, travailler. Un jour, je vais peut-être même me remettre à sourire. À sourire pour de vrai. Mais pas tout de suite. Et je n'irai pas au bal. Et je ne serai plus jamais la même.

Je vais porter le poids de cette histoire toute ma vie. Impossible de revenir en arrière. Je ne pourrai jamais effacer ces deux petites secondes où j'ai envoyé la photo. J'ai tout détruit et je n'ai que moi à blâmer.

Mais Lucas ne m'a pas trahie.

Lucas ne m'a pas trahie.

De la même auteure chez d'autres éditeurs

Jeunesse

Rose Latulipe, Auzou, 2017.
Joyeux anniversaire, Jacob !, Éditions FouLire, 2017.
Fêter au Far West, Éditions FouLire, 2017.
La légende de Sedna, Auzou, 2017.
Noël dans la jungle, Éditions FouLire, 2016.
La Chasse-galerie, Auzou, 2016.
Alexis le Trotteur, Auzou, 2016.
Les nuits de Fannie, coll. Mini Ketto, Éditions FouLire, 2016.
La Dame blanche, Auzou, 2016.
Le Bonhomme Sept-Heures, Auzou, 2016.
Un été sous l'eau, Éditions FouLire, 2016.
À l'école en fusée, Éditions FouLire, 2016.
Émile en vacances, La Bagnole, 2014.

SÉRIE LA BANDE DES QUATRE
La Bande des Quatre, tome 4, en collaboration avec Johanne Mercier, Alain M. Bergeron et François Gravel, Éditions FouLire, 2017.
La Bande des Quatre, tome 3, en collaboration avec Johanne Mercier, Alain M. Bergeron et François Gravel, Éditions FouLire, 2016.
La Bande des Quatre, tome 2, en collaboration avec Johanne Mercier, Alain M. Bergeron et François Gravel, Éditions FouLire, 2016.
La Bande des Quatre, tome 1, en collaboration avec Johanne Mercier, Alain M. Bergeron et François Gravel, Éditions FouLire, 2015.

SÉRIE L'ALPHABET SUR MILLE PATTES
18 titres parmi lesquels :
Comme des poissons dans l'eau, Éditions FouLire, 2015.
Monsieur Jeannot joue au héros, Éditions FouLire, 2015.
Que la fête commence !, Éditions FouLire, 2014.
Ce soir, on danse !, Éditions FouLire, 2014.

SÉRIE ÉMILIE-ROSE
La crème glacée, Malala, la souris et moi, Éditions FouLire, 2015.
Le camp, Patch, la chèvre et moi, Éditions FouLire, 2014.
Les clés, Terry, un chien et moi, Éditions FouLire, 2013.
Le voisin, Rosa, les poissons et moi, Éditions FouLire, 2012.

SÉRIE MARIE-P
12 titres parmi lesquels :
On va camper, Marie-P !, Éditions FouLire, 2016.
Trouve la clé, Marie-P !, Éditions FouLire, 2015.
Attache ta tuque, Marie-P !, Éditions FouLire, 2014.
À l'aide, Marie-P !, Éditions FouLire, 2013.

Photo : © Julie Beauchemin

MARTINE LATULIPPE

Martine Latulippe est l'auteure de plus de soixante-dix romans et cumule les prix et les honneurs. Elle s'adresse aussi bien aux tout-petits qu'aux adolescents avec des histoires d'humour ou d'action ; des récits intenses et dramatiques ou débordants d'imagination. Au fil de nombreuses animations, elle rencontre ses lecteurs aux quatre coins du pays. Chez Québec Amérique, en plus de ses suspenses pour ados et de son album pour les plus jeunes, sa populaire série *Julie* permet de découvrir les légendes québécoises en compagnie d'une Julie curieuse.

SÉRIE MÉLINA ET CHLOÉ

Ce qui est arrivé quand un drôle de voleur est passé chez Mélina et Chloé, coll. Klaxon, La Bagnole, 2013.

Ce qui peut arriver quand Mélina et Chloé se font garder, coll. Klaxon, La Bagnole, 2011.

Ce qui arriva à Chloé et Mélina un jeudi après-midi, coll. Klaxon, La Bagnole, 2009.

SÉRIE LORIAN LOUBIER

6 titres parmi lesquels :

Lorian Loubier, Vive les mariés !, coll. Roman bleu, Dominique et compagnie, 2008.

Lorian Loubier, détective privé ?, coll. Roman bleu, Dominique et compagnie, 2006.

SÉRIE MOUK LE MONSTRE

5 titres parmi lesquels :

Mouk mène le bal !, coll. La Joyeuse maison hantée, Éditions FouLire, 2008.

Mouk, un record monstre !, coll. La Joyeuse maison hantée, Éditions FouLire, 2007.

Adulte

Crimes au musée, collectif, Éditions Druide, 2017.

Crimes à la librairie, collectif, Éditions Druide, 2014.

Les faits divers n'existent pas, Éditions Druide, 2013.

Fiches d'exploitation pédagogique

Vous pouvez vous les procurer sur notre site Internet à la section jeunesse/matériel pédagogique.

quebec-amerique.com